KB147414

_____님!

당신이 원하는 대학에 합격하기를

진심을 담아 기원합니다.

글감에서 문장까지
한 권으로 끝내는

매일
자기소개서
노트

안소린 지음

매일 자기소개서 노트

3쇄 발행 2020년 1월 1일

지은이 안소린

펴낸이 이성용
책임편집 박의성　**책디자인** 책돼지

펴낸곳 빈티지하우스
주 소 서울시 마포구 양화로11길 46 504호(서교동, 남성빌딩)
전 화 02-355-2696　**팩 스** 02-6442-2696
이메일 vintagehouse_book@naver.com
등 록 제 2017-000161호 (2017년 6월 15일)

ISBN 979-11-89249-17-5 43370

- 이 책 내용의 전부 또는 일부를 사용하려면 반드시 저작권자와 빈티지하우스의 서면동의를 받아야 합니다.
- 빈티지하우스는 독자 여러분의 투고를 기다리고 있습니다.
  책으로 펴내고 싶은 원고나 제안을 이메일(vintagehouse_book@naver.com)으로 보내주세요.
- 파손된 책은 구입하신 서점에서 교환해 드리며 책값은 뒤표지에 있습니다.

글감에서 문장까지
한 권으로 끝내는

매일
자기소개서
노트

안소린 지음

소린 쌤과 단련한 학생부종합전형 비장의 무기, 자기소개서

학생부종합전형은 내신 성적뿐만 아니라 지원자의 학업 능력과 노력의 정도, 발전가능성 등을 자기소개서와 생활기록부를 바탕으로 종합적으로 평가하는 방식입니다. 공부만 열심히 한다고 되는 게 아니라 교내 활동도 성실히 임해야 하는 상황이 된 것입니다.

'성적은 공부를 열심히 하면 된다고 해도, 교내 활동은 어떻게 하지?' 성적과 교내 활동, 이 두 마리 토끼를 모두 다 잡는 것이 과연 가능할까요? 게다가 아무리 교내 활동을 많이 했더라도 그 활동이 본인이 지원할 대학의 학과 성격과 맞지 않으면 말짱 꽝이라니….

하지만 아직 희망의 동아줄이 남아 있었습니다. 바로 자기소개서입니다.

대학에서는 수험생의 생활기록부를 들여다보며 이렇게 생각할 수도 있습니다. '이 교내 활동이 우리 대학, 우리 학과와 연관성이 있나?' 이럴 때 자기소개서가 강력한 무기가 됩니다.

소린 쌤에게 한 달 동안 자기소개서 첨삭을 받으며 아직 희망의 동아줄이 남아 있다는 것을 느낄 수 있었습니다. 처음에는 25쪽에 달하는 방대한 생활기록부에서 자기소개서의 글감이 될 활동을 어떻게 찾고, 어느 위치에 배치해 어떤 문장으로 풀어낼지 도무지 감이 잡히지 않았습니다. 하지만 소린 쌤에게 코칭을 받으면서 막연하기만 했던 나의 가치관과 직업에 대한 관점이 명확해졌습니다. 간호사는 환자를 대상으로 일하는 사람이기에 사람과 사람 사이에 규정된 법과 윤리를 배워야 하며, 이를 배우기 위해 문과에 진학해 학습했습니다. 더불어 수학과학포럼, 과학강연, 과학실험 동아리를 통해 간호 기초 지식을 습득했다고 자기소개서에 풀어냈습니다.

이렇게 연관성 없어 보이는 생활기록부의 자료들을 '나만의 특성'이라는 접착제로 유기적으로 엮어내는 것이 바로 자기소개서입니다. 많은 학생들이 자기소개서를 짐으로 인식하지만, 소린 쌤이 쓴 이 책을 통해 수험생들이 자기소개서를 비장의 무기로 만들어갔으면 하는 바람입니다.

한양대학교 19학번 **김유진**
(한양대, 건국대, 경희대, 중앙대 학생부종합전형 합격)

자기소개서는 마냥 어려운 것, 무에서 유를 창조하는 것이라고 생각할 만큼 어떻게 써야 하는지도, 어떤 것을 녹여내야 하는지도 잘 몰랐습니다. 인터넷 검색으로도 갈피를 못 잡고 있었는데, 구체적 예시와 방향을 잘 잡아주는 이 책 덕분에 자기소개서 쓰기가 훨씬 수월해졌습니다. _강다인 학생(고3)

평소 자기소개서 관련 도서를 읽어봐도 생각대로 잘 쓰이지 않았는데 다른 자기소개서 책과는 달리 쉽게 이해할 수 있도록 꼼꼼한 첨삭도 많고, 추상적이기만 했던 구성의 틀을 확실히 잡아줘서 좋았습니다. 자기소개서를 처음으로 쓰는 학생이라면 이 책을 옆에 두고 부족한 부분을 메울 수 있을 것입니다. _김호천 학생(고2)

처음으로 자기소개서를 썼던 고1 때는 답이 보이지 않았습니다. 글의 전체적인 흐름과 호흡, 속도 등 모든 것이 부자연스러웠는데 이 책을 읽고 감이 잡히기 시작했습니다. 합격한 선배들의 자세한 자기소개서 내용도 엿보고 꼼꼼한 첨삭을 보면서 마치 과외 선생님과 같이 자기소개서를 쓰는 느낌이었습니다. _박준아 학생(고2)

수험생의 눈높이에 딱 맞는 책! 자기소개서는 학교에서도 몇 번 특강을 받기도 했고 쓰는 연습도 많이 해봤지만 항상 부족한 느낌이었습니다. 특히 자기소개서 작성 예시가 궁금했는데 문항별로 합격생 선배들의 다양한 답변을 참고할 수 있었고, 제 수준에 딱 맞게 조곤조곤 첨삭해주는 내용이 자기소개서를 작성하는 데 큰 힘이 되어줬습니다.

_박현진 학생(고3)

이 책을 읽고 따라 쓰면서 막연하기만 했던 엔지니어라는 진로와 계획에 대해 깊이 고민할 수 있었고, 그 고민을 자기소개서에 충실하게 구현하는 방법을 배울 수 있었습니다. 수시로 대학에 가는 경우가 많은 만큼 자기소개서와 학교생활기록부를 관리해야 하는데 현실감 넘치는 다양한 팁도 얻을 수 있어서 좋았습니다.

_윤경환 학생(고2)

자기소개서의 큰 기둥을 잡는 데 필요한 작성 전 확인 요소, 작성 순서와 팁 등을 많은 사례를 통해 보여주고 직접 써볼 수 있도록 해주는 이 책은 이제 막 학생부종합전형이라는 입시제도를 준비하는 저에게 큰 도움이 되었습니다. 대입을 준비하는 여러 학생들에게 추천합니다.

_정은지 학생(고3)

'타다닥… 타닥타닥…'

고3 2학기, 한창 자율하습이 진행 중인 교실에는 노트북 자판을 두들기는 소리

가 산발적으로 뒤섞여 마치 빗소리처럼 울려 퍼집니다.

이 소리의 근원은 바로 자기소개서를 작성 중인 학생들입니다.

수업 시간이든 아니든, 자기소개서 쓰는 데 몰입한 학생들은 각자 고뇌에 빠져

심각한 표정으로 자판을 두들깁니다.

틈만 나면 자기소개서를 쓰고, 고치고 또 고치는 고3 친구들.

끊임없이 고쳐도 2% 부족한 느낌이 듭니다.

노력은 노력대로 쏟아붓지만 마음에 들지 않습니다.

선생님들도 "뭔가 평범하다"고, "너만의 개성이 없다"고 말씀하십니다.

이런 답답함을 겪는 대한민국의 수많은 고3 학생들에게 "자기소개서는 이렇게

쓰면 돼!" 하고 건넬 수 있는 책이 있으면 좋겠다고 생각했습니다. 그런데 시중에 나와 있는 자기소개서 책들은 너무 딱딱하고 추상적이거나 합격생 자기소개서를 한데 모아놓은 부류밖에 없었습니다.

그래서 제가 직접 써보자는 생각이 들었습니다.

누구나 쉽게 이해하고 따라할 수 있는 책.

그러면서도 자기소개서의 본질을 꿰뚫는 알찬 책.

하루하루 따라하다 보면 어느새 훌륭한 자기소개서가 탄생하게끔 이끌어주는 책.

그런 책을 써보자는 다짐을 했고, 마침내 이 책을 발간하게 되었습니다.

저는 2017학년도 입시에서 학생부종합전형으로 서울대학교와 고려대학교, 연세대학교, 포스텍 총 네 곳의 대학교에 동시 합격했습니다. 그중 서울대학교를 선택했고, 장학금을 받고 진학했습니다.

이렇게 좋은 성과를 거둘 수 있던 이유 중 하나가 바로 '자기소개서를 잘 썼기 때문'이라고 생각합니다.

고2 겨울방학부터 자기소개서를 쓰기 시작해 9개월간 원석을 다듬는 심정으로 자기소개서를 작성했습니다. 국어 선생님과 끊임없이 토의하고 자기소개서에 대한 책과 칼럼을 수없이 뒤적였습니다.

그렇게 완성한 자기소개서는 모든 선생님들께 극찬을 받았고, 입시에서도 원하던 대학교에 모두 합격할 수 있었습니다.

자기소개서를 쓰며 얻은 모든 노하우를 이 책에 오롯이 녹여냈습니다.

부디 이 책이 자기소개서를 작성하는 학생들에게 한줄기 빛과 같은 역할을 하기 바랍니다.

목차

추천의 글 004

프롤로그 008

매일 자기소개서 노트 사용설명서 014

EXERCISE 자기소개서 본질 파악하기 ------------------ 016

Practice01 **학생부종합전형 전격 해부** 019

Practice02 **자기소개서는 뽀샵이다** 024

Practice03 **좋은 자기소개서 5원칙** 026

STEP ONE '나' 분석 노트 ----------------------------- 038

Practice04 **나의 가치관과 특성 파악하기** 041

Practice05 **확실한 진로 설정하기** 056

STEP TWO 글감 선정 노트 ---------------------------- 062

Practice06 글감 목록화 065

Practice07 문항별 매치 079

칼럼I 전교 I등의 스터디 플래너 작성 TIP7 085

STEP THREE 문항별 실전작성 노트 --------------------- 094

Practice08 공통문항 I번: 학습 경험을 결합하라 097

Practice09 공통문항 2번: 전공적합성과 적극성을 어필하라 107

PracticeI0 공통문항 3번: 지속성과 진정성을 드러내라 115

PracticeII 자율문항 4번: 지원동기가 핵심이다 123

칼럼2 전교 I등의 내신 공부 STEP6 158

STEP FOUR 셀프 첨삭 가이드 --------------------------- 166

Practice12 **내용 첨삭 가이드** 169

Practice13 **표현 첨삭 가이드** 172

칼럼3 수학 실수 원천봉쇄 TIP6 180

STEP FIVE 완벽 마무리 가이드 ------------------------ 188

Practice14 **입학사정관 입장에서 검토하기** 191

Practice15 **디테일을 완성하는 4원칙** 195

칼럼4 전교 1등의 필기법 201

부록1 합격 자기소개서 문항별 분석 205

부록2 서울대 19학번의 문항별 자기소개서 엿보기 233

《매일 자기소개서 노트》는 합격하는 자기소개서 작성법을 5단계로 나눠 독자

가 직접 써보면서 자신의 자기소개서를 업그레이드할 수 있도록 구성되어 있

습니다.

0 EXERCISE에서는 자기소개서 작성에 앞서 반드시 알아야 할
'본질'을 다룹니다. 자기소개서를 요구하는 유일한 전형인 학생
부종합전형을 올바로 이해하고 좋은 자기소개서의 조건을 파악
해보세요.

| 자기소개서의 글감은 결국 '나'입니다.
STEP ONE에서는 가치관과 특성, 진로를 명확하게 파악
하기 위한 질문에 답하면서 나에 대한 깊이 있는 이해에
도달할 수 있습니다.

2 잘 쓴 자기소개서는 소재가 절반이고 기교는 그다음입니다.

STEP TWO에서는 좋은 글감을 고르는 방법을 소개합니다.

3 드디어 자기소개서를 본격적으로 써볼 시간입니다.

STEP THREE에서는 문항의 의도를 파악하고 심혈을 기울여 고른 글감으로 자기소개서를 효과적으로 작성해볼 수 있습니다.

4 세계적인 문장가들도 수십 수천 번씩 자신의 글을 고쳐 씁니다.

STEP FOUR에서는 자기소개서의 완성도를 한 단계 높이는 첨삭 노하우를 공개합니다.

5 용의 눈을 그릴 때가 마침내 왔습니다!

STEP FIVE에서는 객관적인 눈으로 자기소개서를 평가하고 보완하는 팁을 소개합니다.

자기소개서
본질 파악하기

Practice 01 학생부종합전형 전격 해부

Practice 02 자기소개서는 뽀샵이다

Practice 03 좋은 자기소개서 5원칙

- - - - - - - - - - - -

자기소개서를 작성하기 전에 자기소개서의 본질을 파악하는 것이
매우 중요합니다. 자기소개서를 요구하는
유일한 전형인 학생부종합전형과 좋은 자기소개서의 조건을
지금부터 차근차근 알아봅시다.

- - - - - - - - - - - -

학생부종합전형 전격 해부

수많은 대입 전형 중 자기소개서를 요구하는 유일한 전형이 바로 '학생부종합전형'입니다. 여러분은 학생부종합전형에 대해 얼마만큼 알고 있나요? 한국대학교육협의회에 따르면 학생부종합전형이란 '입학사정관 등이 참여해 학교생활기록부 비교과를 중심으로 교과 및 자기소개서, 교사추천서, 면접 등을 통해 학생을 종합 평가하는 전형'입니다.

여기서 핵심은 '종합' 평가라는 것입니다. 학생을 '성적'으로만 점수를 매겨 줄 세우는 기존의 방식이 아니라, 성적 이외에 여러 가지 항목을 모두 고려하여 학생의 발전가능성과 창의력, 잠재력을 평가한다는 의미입니다.

학생부종합전형으로 대학이 선발하고자 하는 학생은 다음과 같습니다.

- 본인만의 확고한 진로와 비전이 있는 학생
- 지적 호기심이 충만하고 그것을 실행으로 옮기는 탐구력을 지닌 학생
- 창의적인 학생
- 넓고 깊게 공부하는 학생
- 학교생활에서 적극적이고 진취적인 태도를 보인 학생
- 올바른 인성을 가진 학생

학생부종합전형을 준비한다면 본인이 대학의 인재상에 적합한지 객관적으로 따져보고 부족하다고 느껴지는 부분은 보완해야 합니다.

예를 들어 아직 학교생활기록부를 수정할 수 있는 시기라면 전공과 관련된 심화 탐구를 통해 생기부에 내용을 추가하고 자기소개서를 작성할 때 본인의 지적 호기심을 드러내는 소재로 택할 수 있습니다. 이런 식으로 대학의 인재상에 본인을 맞춰나가는 것이 좋습니다.

학생부종합전형 평가 요소는 크게 '학업 역량', '전공적합성', '인성', '발전가능성' 네 가지로 나뉩니다. 학업 역량이란 기초적인 수학 능력을 의미합니다. 대학에서 학업을 수행할 수 있는지 묻는 것이죠. 전공적합성이란 지원 전공(계열)과 관련된 분야에 대한 이해와 관심, 노력과 준비의 정도입니다. 인성이란 공동체의 일원으로서 필요한 바람직한 사고와 행동을 일컫습니다. 발전가능성이란 현재의 상황이나 수준보다 질적으로 더 높은 단계로 향상될 수 있는 가능성을 말합니다.

네 가지 평가 요소는 입학사정관이 학생을 평가할 때 가장 중점적으로 보는 부분이므로 생기부를 관리할 때나 자기소개서를 쓸 때, 면접을 준비할 때 항상 이 점을 염두에 둬야 합니다.

다음은 자신이 학생부종합전형에 어울리는지 아닌지 판단해볼 수 있는 체크리스트입니다. 스스로를 돌아보며 성실하게 평가에 임해봅시다.

항목 분류	세부항목	YES	NO
학업 역량	과목별 등급, 이수 단위, 이수자 수, 표준편차를 고려했을 때 성적이 우수한가요?		
	자기주도적인 태도로 공부하기 위해 노력하고 있나요?		
	각종 탐구 활동을 통해 창의적인 결과를 내고 있나요?		
	왕성한 지적 호기심을 가지고 적극적으로 탐구했나요?		
전공 적합성	희망 전공과 관련된 학업성적이 우수한가요?		
	희망 전공과 관련된 활동이 풍부했나요?		
	희망하는 전공에 대해 올바르게 이해하고 있나요?		
	지원하려는 전공에 대한 흥미와 열정이 충분히 드러나나요?		
인성	학교생활에 성실하게 임했나요?		
	단체 활동에서 상대방을 존중하고 배려했나요?		
	단체 활동에서 갈등을 해결하고 조정한 경험이 있나요?		
	나눔, 배려에 대한 활동이나 봉사 활동을 지속적으로 하고 있나요?		

발전 가능성	다양한 교내 활동에 적극적으로 참여했나요?		
	불리한 교육 환경을 극복했거나 주어진 여건을 적극적으로 활용한 적이 있나요?		
	학교생활 중 리더 역할을 수행한 적이 있나요?		
	다양한 체험 활동(진로, 자율, 동아리, 봉사 활동 등)을 하며 풍부한 경험을 쌓았나요?		

셀프 체크리스트 TIP! -

셀프 체크리스트는 지금 자신의 위치를 정확하게 파악하기 위한 것입니다. 냉정하게 본인을 평가해야 하지만, 그렇다고 결과에 너무 연연하거나 지레 포기할 필요는 없습니다. 합격은 지금부터 준비할 수 있답니다.

자기소개서는 뽀샵이다

이제 본격적으로 자기소개서에 대해 알아보겠습니다. 대입 자기소개서란 본인의 생활, 사고방식, 지적 능력, 인성 등 모든 면에서 지망하는 대학과 학과에서 수학할 충분한 자질을 갖추고 있음을 입학사정관에게 설득하는 글입니다.

여기서 '설득'이라는 표현을 썼습니다. 설득의 사전적 정의를 보면 '상대편이 이쪽 편의 이야기를 따르도록 여러 가지로 깨우쳐 말함'입니다. 즉, 주장이 타당한 근거들로 뒷받침될 때 진정한 설득이 가능하다는 말입니다. 자기소개서 작성은 명료하고 논리적인 글로 본인을 어필하고 입학사정관을 설득하는 과정입니다.

또한 자기소개서는 생활기록부와 유기적으로 연결되어야 합니다. 생활기록부는 지원자를 판단할 때 가장 중점적으로 평가되는 자료입니다. 생활기록부에는 학생이 어떤 활동을 했는지, 어떤 태도로 학교생활에 임했는지 등 '사실관계'가 주로 서술되어 있습니다. 즉, '결과' 중심의 자료라고 볼 수 있습니다.

하지만 학생부종합전형은 '과정'에 더 집중합니다. 학생이 특정 결과를 이루기 까지 어떤 생각을 가졌고 어떤 노력을 했는지에 관심을 가집니다. 따라서 이러 한 부분을 자기소개서에 충분히 드러내야 합니다.

자기소개서 작성은 한마디로 '뽀샵'과 같습니다. 뽀샵을 할 때 얼굴에 뾰루지가 있으면 가리고 눈은 조금 더 크게 키웁니다. 뽀샵을 한다고 다른 사진을 가져다 쓰지는 않습니다. 원본 사진을 그대로 사용하되 조금씩 수정하는 것입니다. 자 기소개서를 쓸 때도 본인의 단점은 그에 대한 보완 과정을 충분히 서술해 보정 하고, 입학사정관에게 강조하고 싶은 장점은 더욱 살을 붙여 풍부하게 만들어 가야 합니다.

'생활기록부로 드러나는 '나'라는 학생이 입학사정관에게 좋은 평가를 받을 수 있도록 자기소개서를 뽀샵한다'는 생각을 가지면 좋습니다.

Practice 03 좋은 자기소개서 5원칙

좋은 자기소개서란 어떤 자기소개서일까요? 합격을 부르는 자기소개서 5대 원칙을 알려드리겠습니다.

기본 플롯을 지키는 자기소개서

자기소개서의 기본 플롯은 다음과 같습니다.

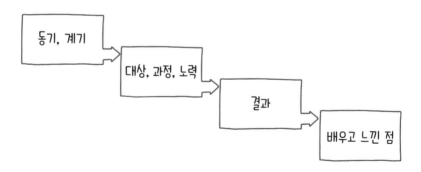

당연해 보이는 원칙이지만 많은 학생들이 이 플롯을 지키지 않습니다. 글쓰기의 기본을 무시하고 손이 가는 대로 쓰다 보니 그런 실수를 범하는 것입니다.

가장 많이 저지르는 실수가 결과에 치중한 글을 쓰는 것입니다. 예를 들어 이런 케이스입니다.

저는 과학에 큰 흥미가 있어 다양한 대회에 참가해 좋은 성적을 거두었습니다. 1학년 때는 물리경시대회에서 은상을 수상했으며, 2학년 때는 생명
결과 1
과학 논술대회에서 최우수상을 수상하기도 했습니다.
결과 2

결과를 나열하는 데 급급한 나머지 더 중요한 '과정'을 드러내지 못했습니다. 결국 완성도가 떨어진 글이 되어버렸죠. 이렇게 바꿔보면 어떨까요?

동기
저는 학교 수업에 호기심을 품으며 깊이 공부했습니다. 생명과학Ⅱ 시간에 유전자 발현에 대해 배우던 중 문득 '사람의 성격도 유전자에 영향을 받을까?'라는 궁금증이 생겼습니다. 이에 대한 답을 얻고자 인터넷을 검색하다가 '롤러코스터 유전자'에 대한 칼럼을 읽었습니다. 글을 읽으며 도파민 수
과정

용체 중 제4형 유전자가 스릴을 좋아하는 성격과 관련되어 있음을 알게 되 — 노력

었습니다. 이러한 성향의 결정 요인은 '엑손'의 길이였습니다. 엑손의 길이

가 길수록 뇌세포와 도파민의 결합력이 떨어져 쾌감을 느낄 때 더 강한 자

극이 필요하다는 메커니즘을 이해할 수 있었습니다. 수업 시간에 가볍게

알고 넘어갔던 엑손이 이런 역할도 한다는 것이 놀라웠습니다. 이처럼 저 — 결과 1

는 교과 내용을 능동적으로 탐구하며 지적 영역을 확장해나갔습니다. 또한

스스로 질문을 던지고 답을 찾으며 공부하는 것이 진정한 공부라는 생각이

들었습니다. 이렇게 깊이 있게 공부하니 생명과학 논술대회에서 최우수상

을 수상하는 기쁨을 맛보기도 했습니다. — 결과 2

이렇게 기본 플롯을 지켜서 글을 쓰면 글의 흐름이 매끄러워지고 완성도 또한

높아집니다. 자기소개서를 쓸 때는 항상 기본 플롯을 지킵시다.

소재가 개성이다

본인의 개성이 오롯이 녹아 있는 자기소개서가 좋은 자기소개서입니다. 대부분

의 자기소개서는 소재나 구성, 내용이 비슷비슷합니다. 수십, 수백 명의 자기소

개서를 보는 입학사정관에게 천편일률적인 자기소개서로는 아무런 관심을 끌지 못합니다. 본인만의 콘텐츠, 특히 나만의 글감으로 입학사정관의 눈을 사로잡아야 합니다.

글감을 정할 때 하나 이상은 독특한 소재로 정하면 좋습니다. 글감에서 본인만의 개성을 드러낼 수 있다면 분명한 플러스 요인이 됩니다. 또한 특정 활동을 통해 느낀 점을 작성할 때는 단편적인 소감이 아니라 진정성 있는 깨달음을 적는 것이 좋습니다. 해당 활동을 하면서 얻은 진지한 성찰과 고백이야말로 독자에게 큰 인상을 남깁니다. (물론 소재 자체가 독특하지 않더라도 그것을 통해 느낀 점에 진실성과 깊이가 있다면 그것으로도 충분합니다.)

예를 들어 일어일문학과를 희망하는 학생이 친구에게 일본어 멘토링을 해주기 위해 직접 일본어 교재를 만들었다거나 정치외교학과를 희망하는 학생이 《정치학원론》을 독학으로 독파했다는 등과 같은 다채로운 학습 경험은 입학사정관이 자기소개서를 주의 깊게 읽도록 하는 좋은 글감입니다.

구체적인 자기소개서

좋은 자기소개서는 구체적입니다. 글의 설득력을 높이기 위해서는 사건이나 본인의 생각을 구체적으로 서술해야 합니다. 구체적인 글은 자연스러운 공감을 통해 독자를 효과적으로 설득합니다. 두루뭉술한 표현은 설득은커녕 답답함만 불러일으킬 뿐입니다.

그렇다면 글을 구체적으로 서술하기 위해서는 어떻게 해야 할까요? 추상적인 비유나 단어 대신 명확한 표현을 사용하고, 주장이나 사실을 쓸 때 그에 대한 실제적인 예시를 적절하게 들어야 합니다. 예를 들어볼까요.

축구부 활동을 통해 협력의 가치를 배웠습니다. 축구부원으로서 공격과 수비 모두 연습해야 했습니다. 공격은 조금만 연습해도 쉽게 되었지만 수비는 아니었습니다. 아무리 연습해도 들어오는 공을 막는 것은 어려웠습니다. 그래서 축구부 친구와 방과 후에 모여 꾸준히 수비 연습을 했습니다. 그 결과 수비 실력이 많이 향상되었습니다. 이는 경기력의 향상으로 이어졌고 결국 팀 전체의 팀워크 또한 발전했습니다. 이 경험을 통해 협력의 가치를 배웠습니다.

나쁜 글은 아니지만, 무언가 아쉽습니다. 이 글을 바탕으로 실제 본인의 구체적인 경험을 보태 다음과 같이 바꿔보면 훨씬 독자에게 와닿습니다.

축구부 활동을 통해 노력의 정직함과 공동체정신을 배웠습니다. 평소 축구를 자주 해보지 않았지만 흥미가 생겨 도전했습니다. 수비형 미드필더를 맡은 저는 공격과 수비 모두를 도와야 했습니다. 특히 공격 시에는 숏패스로 공격을 돕는 능력이, 수비 시에는 공 걷어내기로 흐름을 끊는 능력이 중요했습니다. 숏패스는 아침 연습으로도 충분할 만큼 빨리 익혔습니다. 그런데 공 걷어내기를 연습할 때는 아무리 노력해도 자꾸 땅볼이 되었습니다. 저는 이 결점을 보완해 팀에 피해를 주지 말아야겠다는 집념이 생겨 방과 후에 축구부 친구와 공 걷어내기 연습을 한 달여간 했습니다. 공을 찰 때 공이 발등이 아닌 발끝에 맞는 것이 문제임을 깨달았고, 정확히 발등으로 공차는 연습을 했습니다. 결국 자유자재로 공을 걷어내며 팀의 수비력을 강화할 수 있었습니다. 이는 경기력의 향상으로 이어졌고, 저를 본 다른 선수들도 각자의 역할에 더 열심히 임해 전반적인 팀워크 또한 발전했습니다. 이 경험을 통해 우직한 노력은 나를 배신하지 않는다는 것과 협동심으로 뭉칠 때 진정한 '원팀'이 됨을 깨달았습니다.

다른 케이스도 한번 살펴볼까요.

2학년 때 '생활과 윤리'를 배우게 되있습니다. 익숙한 철학자들의 이론을 공부하고 그것을 다른 학문에 적용하는 응용윤리를 배우면서 철학의 '학제적 성격'에 대해 알게 되었습니다.

예시
추가

2학년 때 '생활과 윤리'를 배웠습니다. 익숙한 철학자들의 이론을 공부하고 그것을 다른 학문에 적용하는 응용윤리를 배우면서 철학의 '학제적 성격'에 대해 알게 되었습니다. 이데아 이론을 바탕으로 한 플라톤의 죽음관, 과학 기술 시대에서 요나스 책임윤리의 의의 등을 공부하며 철학은 현대사회의 다양한 분야에서 활약하며 빛을 발하고 있음을 느꼈습니다.

이처럼 적절한 예시를 더하면 글의 설득력을 훨씬 더 높일 수 있습니다.

쉽고 간결한 자기소개서

좋은 글은 쉬운 글입니다. 괜히 현학적인 용어를 쓸 필요가 없습니다. 입학사정 관들은 해당 분야의 전문가입니다. 학생이 뜻도 모를 것 같은 어려운 단어를 사용한다고 해서 입학사정관들이 그 학생을 잘났다고 인정해주지 않습니다. 오히려 '이 학생은 자만하네' 하고 부정적인 평가를 내릴 수 있습니다.

또한 좋은 글은 간결합니다. 꼭 말해야 할 핵심만 확실히 짚고 이외의 것들은 내쳐버려야 완성도 있는 글이 됩니다. 글에 군더더기가 없어야 리듬감이 살아나고, 독자들도 글을 더 편하게 읽을 수 있습니다.

사족과 미사여구는 절대 금물입니다. 주저리주저리 이어지는 문장은 호흡이 길어 독자를 지치게 만듭니다. 적당한 호흡의 문장으로 읽는 이의 집중이 처음부터 끝까지 유지되도록 해야 합니다.

누구나 이해되도록 최대한 쉽게 글을 구성하는 것이 좋습니다. 다음 문장을 살펴볼까요.

방과 후에 축구부 친구와 함께 공 걷어내기 연습을 한 달여간 했는데, 공을

찰 때 공이 발등에 맞지 않고 발끝에 맞는다는 것이 저의 문제점임을 깨달

았고, 정확히 발등으로 공을 차는 연습을 이어서 진행했습니다.

이상한 점을 느꼈나요? 이 문단은 분량이 세 줄이나 되는데 한 문장입니다. 앞서

나쁜 예로 언급한 호흡이 긴 문장입니다. 내용을 구분해보면 다음과 같습니다.

① 방과 후에 축구부 친구와 함께 공 걷어내기 연습을 한 달여간 했는데,

② 공을 찰 때 공이 발등에 맞지 않고 발끝에 맞는다는 것이 저의 문제점임을

　　깨달았고,

③ 정확히 발등으로 공을 차는 연습을 이어서 진행했습니다.

문장의 호흡을 조정하고 가독성을 높이기 위해 다음과 같이 문장을 바꿔볼까요.

방과 후에 축구부 친구와 공 걷어내기 연습을 한 달여간 했습니다. 공을 찰

때 공이 발등이 아닌 발끝에 맞는 것이 문제임을 깨달았고, 정확히 발등으

로 공을 차는 연습을 이어서 진행했습니다.

①②③으로 연결된 문장을 ① / ②③으로 나눠 좀 더 간결하게 문장을 바꿨습니다. 약간의 기술이 필요하기 때문에 의도적으로 문장을 나누는 연습을 추천합니다.

마음을 움직이는 자기소개서

훌륭한 자기소개서는 독자의 마음을 움직입니다. 단순히 글을 잘 썼다고 다가 아닙니다. 정성과 진솔함, 간절함이 담긴 글은 독자의 마음에 울림을 줍니다. 급하게 대충 쓴 것이 아니라 지극정성으로 글을 썼다는 느낌이 읽는 순간 확실히 들어야 합니다. 이를 위해서는 최선을 다해서 글을 작성하고 퇴고를 거듭해야 합니다. 글에 투자한 노력은 고스란히 그 글에 묻어납니다.

감동을 자아내는 진솔함과 간절함은 어떻게 드러낼 수 있을까요? 조금 투박해도 괜찮으니 본인의 진심을 담아야 합니다. '나는 이 학교, 이 학과 아니면 안 된다!'라는 태도가 느껴지도록 글을 쓰는 것이죠.

저 또한 자기소개서를 쓸 때 진솔함과 간절함을 드러내는 데 온 신경을 썼습니다. 공통문항 1번에 제가 어떻게 답했는지 함께 살펴볼까요.

저는 생태학 특유의 활동성을 좋아해 '발로 뛰는 공부'를 해왔습니다. 가까운 아차산에서부터 멀리 안산과 인천의 습지, 파주 DMZ에 이르기까지 총 30회 이상을 탐사했습니다. 그 과정에서 택지개발로 인한 금개구리 절멸 사태, 간척사업으로 인한 철새 감소 등 급격한 산업화와 생태가치 인식 부족이 낳은 생태파괴 현장을 목격하면서 우리가 직면한 현실의 문제점을 생생히 깨달았습니다. 생태복원 전문가라는 담대한 꿈을 더욱 절실히 키워갔고, 문제해결을 위한 유능한 전문가로서 과학적 해결책을 도출해내기 위해 앞으로 더 깊이 있는 공부가 필요함을 절감했습니다. 저는 친환경사업으로 포장한 개발사업이 만연한 현실 속에서 사회적·미래지향적 생태복원을 이뤄내고 싶습니다. 이를 이루기 위해 반드시 요구되는 깊이 있는 공부와 함께 인문사회학적 공부에도 힘쓰고 싶습니다.

저의 진심이 느껴지나요? 저는 입학사정관들에게 '이 학생이 단순히 성적에 맞춰 이 학과에 지원한 것이 아니라 정말 생태에 대한 열정이 있어서 지원했다'는 확신을 주기 위해 전국 방방곡곡을 누비며 30회 이상 생태탐사를 했다는 내용을 '구체적'으로 언급했습니다. 또한 탐사 현장에서 목격한 생태 파괴 문제를 해

결하기 위하여 생태 전문가라는 꿈을 꾸게 되었다는 내용을 통해 진정성을 더

할 수 있었습니다.

----------------- STEP ONE -----------------

'나'
분석 노트

Practice 04 나의 가치관과 특성 파악하기

Practice 05 확실한 진로 설정하기

이제 우리는 자기소개서에 대해 충분히 이해했습니다. 그런데 머리로는
충분히 이해했지만 막상 자기소개서의 문항들을 보면 무슨 말로 시작해야 할지
감이 잡히지 않을 겁니다. 어떤 내용을 담아야 할지도 막막할 것이고요.
이럴 때 스스로에게 먼저 질문부터 해봅시다.

"나는 어떤 사람인가?"

'나'를 제대로 알면 깊이 있는 자기소개서를 쓸 수 있습니다.
지금부터 '나'에 대해 깊이 파헤쳐봅시다.

나의 가치관과 특성 파악하기

누군가 "당신은 어떤 사람인가요?"라고 묻는다면 어떻게 대답할 건가요? 쉽게

대답이 떠오르는 사람도 있겠지만 아마 선뜻 대답을 생각해내기 어려운 사람

이 많을 것입니다.

자기소개서는 말 그대로 자신을 소개하는 문서입니다. 즉, 스스로가 글감이

되는 것이죠. 하지만 나에 대해 깊이 알지 못한다면 중요하지 않은 정보만 소

개하느라 소중한 시간과 공간을 낭비하게 될지도 모릅니다.

아직 깨닫지 못한 진짜 나의 모습을 찾기 위한 질문을 소개합니다. 진솔하게

답한다면 자신의 가치관과 특성을 발견할 수 있을 것입니다.

가치관 노트 레퍼런스

Q1 나를 한마디로 표현한다면?

사유하고 행동하며 세상을 바꾸고자 하는 유쾌한 생태학도

Q2 왜 그렇게 생각하나요?

내 삶의 궁극적인 목표는 이 세상에 존재하는 문제들을 직시하고, 그것을 어떻게 해결할 수 있는지 고민하고, 고민한 결과를 행동으로 실천하는 것이다. 현 사회에는 기후변화, 부의 양극화, 인종차별, 성차별, 현대인들의 미디어 중독문제 등 수많은 문제들이 있다. 나는 이러한 문제들을 해결하는 데 일조하는 것에서 삶의 의미를 느낀다. 따라서 나를 '사유하고 행동하며 세상을 바꾸고자 하는' 사람이라고 표현했다. 그리고 세상의 다양한 문제들 중에서도 특히 기후변화가 전 인류에게 가장 큰 위협이 되는 중대한 문제라고 판단하여 이 문제를 해결하는 일을 내 주된 과업으로 삼았다. 그래서 생태학, 보전생물학 등을 깊이 공부하며 꾸준히 학업에 정진할 생각이다. 이에 '생태학도'라는 말을 사용했다. 그런데 독자들이 앞의 말만 보면 나를 매사에 진지한 사람으로 오해할까 봐 '유쾌한'이라는 표현을 집어넣었다. 인생의 목표가 거대하다고 해서 삶의 태도까지 무거울 필요는 없다고 생각한다. 삶을 즐겁고 유쾌하

게 살아가는 태도 또한 나를 이루는 중요한 요소다.

Q3 나를 표현하는 키워드 5가지를 뽑아보세요.

① 배움

② 세상을 바꾸려는 의지

③ 성찰

④ 균형

⑤ 겸손

Q4 나의 장점은 무엇인가요?

• 목표가 생기면 그걸 기어코 이루어내고 만다.

• 항상 배우려고 한다.

• 필요한 정보를 찾아내는 능력이 뛰어나다.

Q5 나의 단점은 무엇인가요?

• 완벽주의 성향이 있다.

• 스스로에게 잣대가 엄격한 편이다.

Q6 나에게 가장 중요한 가치 5가지를 뽑아보세요.

① 진실 추구

② 사랑

③ 행복

④ 평화

⑤ 겸손

Q7 내가 바라는 나의 미래는 어떤 모습인가요?

• 생태학 분야에서 권위를 인정받는 해외 대학에서 석사, 박사 학위를 수료하고 싶다. 그래서 과학적 전문성을 인정받고, ①연구원이 되어 환경문제를 해결하는 데 일조하는 혁신적인 연구를 진행하거나 ②유엔환경계획(UNEP)에서 일하며 유엔 가입국을 대상으로 환경 정책을 자문하고 각국이 더 적극적인 환경 정책을 펼치도록 이끄는 역할을 하고 싶다.

- 내가 원하는 일에 헌신하면서 돈을 충분히 벌고 싶다. 그리하여 나 자신도 큰 부족함 없이 풍요롭게 살고, 기부를 통해 타인을 도우며 세상을 바꾸고 싶다.

- 원하는 만큼 일하고, 쉬고 싶은 만큼 쉬고, 소중한 사람들과 깊은 관계를 맺으며 살고 싶다.

Q8 나에게 가치 있는 삶이란 어떤 삶인가요?

- 사유하는 삶

- 이 세상의 문제를 해결하는 데 기여하는 삶

- 소중한 사람들과 사랑하며 사는 삶

- 중독에서 자유로운 삶

- 나 자신의 안녕을 소홀히 하지 않는 삶

- 타인에게 상처를 주지 않는 삶

Q9 존경하는 사람이 있나요? 있다면 그 이유도 적어보세요.

• 고등학생 때 담임선생님이셨던 최혜정, 최현경, 박윤정 선생님. 이분들을 보며 '멋진 삶이

  란 이런 것이구나'라고 느꼈다. 자신의 본질과 정체성을 100% 드러내며 삶을 주체적으로

  살아가시는 모습이 멋있었다. 그리고 학생들을 대할 때 느껴지는 열정과 사랑을 보고 직업,

  나아가 삶을 대하는 태도를 배울 수 있었다. 이치에 맞지 않는 일에 대해서는 단호한 태

  도를 취하시는 모습을 보고선 '아닌 건 아니라고 할 줄 아는' 강함을 배웠다.

• 유발 하라리. 《사피엔스》를 읽고 그의 팬이 되었다. 역사, 생물학, 심리학 등 다양한 학문 분과를 넘

  나들며 자신의 의견을 논리적으로 개진하는 모습을 보고 지적 역량이 뛰어난 사람이라고 느꼈다. 나도 충

  분히 공부해서 공부한 내용을 바탕으로 혁신적인 아이디어를 생각해내는 사람이 되고 싶다.

Q10 지금까지 살면서 가장 힘들었던 경험은 무엇인가요?

• 가족 구성원의 건강이 악화되고 경제적으로도 힘들었을 때

Q11 지금까지 살면서 가장 자랑스러웠던 경험은 무엇인가요?

- 고등학교 I학년 때 '나의 꿈 발표대회'를 열심히 준비해서 멋지게 발표를 끝마쳤을 때

Q12 나만의 원칙이 있나요? 있다면 무엇인가요?

- 외적인 것보다 내적인 것에 마음을 쏟자.

- 자신감을 갖되 자만하지 말고, 겸손하되 자기비하에 빠지지 말자.

- 말과 행동을 조심하자. 특정인에 대한 모욕, 비하, 예의에 어긋나는 언행은 삼가자.

- 나를 성장시키고, 순전한 우정과 사랑을 나눌 수 있는 사람과만 깊은 관계를 맺자. 나에게

  상처를 주는 관계는 끊어내자.

Q13 지금 내게 가장 소중한 것 5가지를 적어보세요.

① 가족

② 친구

③ 일기장

④ 책

⑤ 카메라

Q14 나에게 행복이란 무엇인가요?

아직 학계에서도 행복이라는 개념을 엄밀히 정의하지 못했다. 행복을 정의하는 여러 이론

이 있을 뿐이다. 나에게 행복이란 '하루하루를 만족스럽고 즐겁게 살아가고, 삶을 전체적으로

바라보았을 때도 의미 있고 가치 있게 사는 것'이다. 행복이 좋은 기분과 좋은 삶이라는 두

가지 의미를 모두 가지고 있다고 보는 서울대 심리학과 최인철 교수님의 생각에 동의한다.

Q15 죽고 난 후 사람들에게 어떤 사람으로 기억되고 싶나요?

세상을 바꾼 사람. 치열하게 사유한 지식인. 진지할 땐 진지하되 농담과 여유의 가치를 아는

사람

가치관 노트

Q1 나를 한마디로 표현한다면?

✎ _____

→ 차분하게 자신을 들여다보세요!

Q2 왜 그렇게 생각하나요?

✎ _____

_____

_____

_____

_____

_____

_____

_____

Q3 나를 표현하는 키워드 5가지를 뽑아보세요.

① _____

② _____

③ _____

④ _____

⑤ _____

Q4 나의 장점은 무엇인가요?

🖉 _____

_____

_____

_____

Q5 나의 단점은 무엇인가요?

🖉 _____

_____

_____

Q6 나에게 가장 중요한 가치 5가지를 뽑아보세요.

① _____   ② _____

③ _____   ④ _____

⑤ _____

Q7 내가 바라는 나의 미래는 어떤 모습인가요?

✏️ _____

_____

_____

_____

_____

_____

_____

_____

_____

_____

Q8 나에게 가치 있는 삶이란 어떤 삶인가요?

Q9 존경하는 사람이 있나요? 있다면 그 이유도 적어보세요.

Q10 지금까지 살면서 가장 힘들었던 경험은 무엇인가요?

Q11 지금까지 살면서 가장 자랑스러웠던 경험은 무엇인가요?

Q12 나만의 원칙이 있나요? 있다면 무엇인가요?

🖉 _____

_____

_____

_____

_____

_____

_____

_____

_____

Q13 지금 내게 가장 소중한 것 5가지를 적어보세요.

① _____ ② _____

③ _____ ④ _____

⑤ _____

Q14 나에게 행복이란 무엇인가요?

Q15 죽고 난 후 사람들에게 어떤 사람으로 기억되고 싶나요?

확실한 진로 설정하기

자신의 가치관과 특성을 발견했나요? 우리가 발견한 나만의 가치관과 특성은 자기소개서에서 다루는 또 다른 중요한 글감인 '진로'를 탐색하는 데 든든한 밑바탕이 됩니다. 자신의 진로를 설명하는 데 그것이 앞서 설명한 가치관과 특성에 부합하지 않는다면 글을 읽는 사람은 혼란스러워 할 것이고, 글에 대한 신뢰를 넘어 글쓴이에 대한 신뢰까지 무너트릴 수 있습니다.

한 가지 더! 진로를 설정할 때는 자신이 갖고 싶은 직업만 찾는 것이 아닙니다. 직업과 궁극적으로 하고 싶은 일을 분리해서 생각하세요. 레퍼런스를 참고해 자신의 진로를 찾아 떠나봅시다.

진로 설정 노트 레퍼런스

내가 원하는 직업:

생태학 연구원

그 이유:

• 생태계에 관심이 많다.

• 차분하고 논리적인 성격이 연구직에 잘 맞는다.

• 환경문제에 문제의식을 느끼고 있어 연구를 통해 환경문제 해결에 기여하고 싶다.

그 직업을 통해 궁극적으로 하고 싶은 일:

• 우리나라의 훼손된 생태계를 복원하고 싶다.

• 해외의 생태 훼손 지역의 회복에도 도움을 주고 싶다.

그 이유:

• 동아리, 스터디 활동을 하면서 우리나라 생태가 급격한 산업화로 인해 많이 훼손되었음을

　알게 되었고, 이에 문제의식을 느꼈다.

• 우리나라 외에도 아마존 등 심각한 생태계 훼손이 일어나고 있는 곳이 많기 때문에 그런

　곳에도 도움을 주고 싶다.

진로 작성 TIP!

직업과 궁극적으로 하고 싶은 일을 따로 적게 한 데는 이유가 있습니다. 보통 '직업'이라고 하면 변호사, 심리학자, 화가 등 한 단어로 표현할 수 있는 일들을 떠올립니다. 그러나 자기소개서를 작성할 때 딱 그 정도의 진로만 정해져 있다면 충분하지 않습니다.

더 구체적인 비전이 필요합니다. '나는 의사가 되고 싶어'가 아니라 '나는 아이들에게 희망을 전해주는 소아과 의사가 되고 싶어'와 같은 식이죠. 입학사정관들은 확고하고 구체적인 진로를 가진 학생을 선발하고 싶어 합니다. 따라서 본인의 진로를 실제적으로 충분히 고민해보는 것이 중요합니다.

진로 설정 노트

내가 원하는 직업:

🖉 _____

_____

그 이유:

🖉 _____

_____

_____

_____

_____

_____

_____

_____

_____

그 직업을 통해 궁극적으로 하고 싶은 일:

그 이유:

글감
선정 노트

Practice 06 글감 목록화

Practice 07 문항별 매치

자기소개서 작성의 첫걸음은 바로 '글감 선정'입니다.

남들과 차별화되는 매력적인 글감을 선정하는 것이 핵심입니다.

아무리 글을 매끄럽게 잘 쓴다고 해도 글의 소재가 진부하나면

입학사정관들에게 깊은 인상을 남기기 어렵습니다.

본격적인 글짓기에 앞서 본인을 가장 잘 어필할 수 있는 글감을

선택하는 방법을 알아볼까요.

글감 목록화

좋은 글감을 선정하기 위해 가장 먼저 해야 할 일은 '글감 목록화'입니다. 글감 목록화란 본인이 고등학교 생활 중에 했던 모든 활동을 목록으로 정리하는 작업입니다. 여기서 핵심은 '생활기록부에 적혀 있는 내용은 물론 개인적으로 진행한 활동까지' 살펴보고 목록으로 만드는 것입니다.

생활기록부는 본인의 고등학교 생활에 대한 수많은 선생님들의 평가가 담긴 객관적인 자료입니다. 자기소개서를 작성할 때도 생활기록부의 평가를 기반으로 해야 합니다. 자기소개서와 생활기록부의 내용이 상충한다면 입학사정관이 긍정적으로 평가하기 힘들겠죠?

그런데 생활기록부만 보고 목록을 만들기에는 무언가 부족합니다. 생활기록부는 결과 중심적인 자료입니다. 따라서 본인이 고등학교 생활 3년 동안 진행한 모든 활동이 온전히 담겨져 있지는 않습니다. 예를 들어 수학경시대회에서 수상은 하지 못했지만 깊이 있게 공부했다거나, 개인적으로 시민단체에 가입해 정기적으로 활동했을 수도 있습니다. 이러한 내용은 분명 본인의 학업적인 열정이나 사회적 성숙도를 드러낼 수 있는 좋은 소재이나 생활기록부에는 기재되어 있지 않습니다.

자기소개서는 본인을 가장 잘 드러내는 글이어야 하기 때문에 필요하다면 생활기록부에 적히지 않은 본인의 감춰진 모습까지도 드러내는 것이 좋습니다. 생활기록부에 있든 없든 본인에게 의미 있는 활동이었다면, 본인이 성장하는 데 도움이 된 활동이었다면 빠짐없이 적어봅시다. 자기소개서에 작성할 가능성이 조금이라도 존재하는 활동이라면 무조건 적어봅시다.

계속해서 강조하지만 자기소개서는 자신을 드러내는 글입니다. 생활기록부에는 드러나지 않았지만 자신에게 의미 있었던 활동, 자신이 성장하는 데 도움이 된 활동이 있다면 자기소개서에 빠짐없이 적어야 합니다. 자기소개서에서 활용할 수 있는 활동이 있다면 무조건 글감 목록에 적어보세요.

목록을 작성할 때는 카테고리별로 정리하는 것이 좋습니다. 학교 공부 관련 노력, 상은 없지만 의미 있게 참여한 교내대회, 수상 경력(학업·활동·인성), 자율활동, 동아리 활동, 스터디 활동, 진로 활동, 장학금, 방과 후 학교, 스포츠 활동으로 정리하면 효과적입니다.

옆에 생활기록부를 갖다 놓고, 또 생활기록부에 없는 활동들도 곰곰이 생각해보면서 나열해봅시다. 저의 노트도 참고해보세요.

글감 목록 노트 레퍼런스

1. 학교 공부 관련 노력

1. 질문 노트를 활용한 과학 공부

2. 단백질 합성 관련 유튜브 동영상 시청

3. 분석 노트를 활용한 영어 공부

4. 실수 노트, 개념 노트를 활용한 수학 공부

2. 수상은 못 했지만 의미 있게 참여한 교내대회

1. 과학경시대회(3학년, 생명과학)

2. 과학경시대회(2학년, 화학)

3. 영어 말하기대회(1학년)

3. 학업 분야 수상 경력

1. 성적우수상 15회

2. 논문대회 대상(1학년)

3. 논문대회 금상(2학년)

4. 과학경시대회 최우수상(2학년, 지구과학)

5. 과학경시대회 장려상(2학년, 화학)

6. 과학경시대회 우수상(3학년, 지구과학)

7. 수학경시대회 장려상(2학년)

8. 교내 논술대회 금상(2학년)

9. 전국 청소년환경논문 발표대회 우수상(2학년)

4. 활동/인성 분야 수상 경력

1. 독서우수상(3회)

2. 진로 발표대회 대상(1학년)

3. 역경극복 글짓기대회 우수상(1학년)

4. 스포츠대회 1위(1학년, 오목)

5. 모범학생 표창장(1학년, 선행)

6. 자원봉사대회 장려상(1학년)

7. 문학보고서대회 장려상(1학년)

8. 스터디그룹상, 스터디학생상(2학년)

9. 사진공모전 금상(3학년)

5. 자율 활동

1. 여름방학 영어캠프(1학년)

2. STEAM 융합교육수업(1학년)

6. 동아리 활동

1. 에코토피아(1학년)

2. 내셔널트러스트(2학년)

3. 융합독서반(3학년)

7. 스터디 활동

1. 생탐스(1학년)

2. 금개구리 생태탐사(2학년)

3. 생물학 독서 스터디(3학년)

8. 진로 활동

1. 교대, 고려대 전공 체험(1학년)

2. 환경부 주최 ECO DIVE 생물 다양성 보물찾기(1학년)

3. 서울환경영화제 관람, 관련 강연 청강(1학년)

4. 장학생 캠프 KAIST 이공계 교수 특강 청강(2학년)

5. TED 생태학강의 시청(1학년~현재)

6. 교내 진로대회(1학년~현재, 논문대회/나의 꿈 발표대회 등)

7. 환경부 소속 산소지킴이 기자단(1학년)

8. 환경 블로그 운영(1학년)

9. 장학금

1. 명현장학생

2. 한성 손재한 노벨 영·수재 장학생

3. DMZ청소년탐사단 장학생

10. 방과 후 학교

1. 서울여대 일반생물학 수강(AO)

11. 스포츠 활동

1. 축구부 미드필더(1학년)

2. 발야구대회 반대표(2학년)

글감 목록 노트

↘→ 아주 작은 활동이라도 어떻게 풀어내느냐에 따라 보석이 될 수 있답니다.

I. 학교 공부 관련

① _____

② _____

③ _____

④ _____

⑤ _____

2. 수상은 못 했지만 의미 있게 참여한 교내대회

① _____

② _____

③ _____

④ _____

⑤ _____

3. 학업 분야 수상 경력

① _____

② _____

③ _____

④ _____

⑤ _____

4. 활동/인성 분야 수상 경력

① _____

② _____

③ _____

④ _____

⑤ _____

5. 자율 활동

① _____

② _____

③ _____

④ _____

⑤ _____

6. 동아리 활동

① _____

② _____

③ _____

④ _____

⑤ _____

7. 스터디 활동

① _____

② _____

③ _____

④ _____

⑤ _____

8. 진로 활동

① _____

② _____

③ _____

④ _____

⑤ _____

9. 장학금

① _____

② _____

③ _____

④ _____

⑤ _____

10. 방과 후 학교

① _____

② _____

③ _____

④ _____

⑤ _____

II. 스포츠 활동

① _____

② _____

③ _____

④ _____

⑤ _____

Practice 07 문항별 매치

이제는 앞서 작성한 글감 목록에서 실제로 자기소개서에서 다룰 소재를 정할

차례입니다.

먼저 자기소개서 항목을 자세히 살펴볼까요?

1. 고등학교 재학기간 중 학업에 기울인 노력과 학습 경험을 통해, 배우고 느낀
   점을 중심으로 기술해 주시기 바랍니다. (띄어쓰기 포함 1,000자 이내)

2. 고등학교 재학기간 중 본인이 의미를 두고 노력했던 교내 활동(3개 이내)을
   통해 배우고 느낀 점을 중심으로 3개 이내로 기술해 주시기 바랍니다. 단, 교
   외 활동 중 학교장의 허락을 받고 참여한 활동은 포함됩니다. (띄어쓰기 포함
   1,500자 이내)

3. 학교생활 중 배려, 나눔, 협력, 갈등 관리 등을 실천한 사례를 들고, 그 과정을 통해 배우고 느낀 점을 기술해 주시기 바랍니다. (1,000자 이내)

* 4번 문항은 대학별 자율문항으로, 지원동기나 성장 환경 등을 묻습니다.

자기소개서에는 학생의 지적 호기심, 탐구 역량, 전공적합성, 봉사정신, 리더십 등에 대한 내용이 모두 기술되어 있어야 합니다. 각각의 질문에서 학생에게 요구하는 자질이 정해져 있기 때문에 각 문항에서 요구하는 자질을 드러내주는 것이 좋습니다. 문항별 요구 자질은 다음과 같습니다.

I번 문항	2번 문항	3번 문항	4번 문항
학업 역량	자기주도성 전공적합성	인성	전공적합성
전공적합성	발전가능성 창의성	공동체의식	해당 대학에 대한 관심

1번 문항에서는 학업 역량과 전공적합성을 주로 평가합니다. 2번 문항에서는 자기주도성, 전공적합성, 발전가능성, 창의성을, 3번 문항에서는 인성과 공동체의식을 평가합니다. 4번 문항에서는 전공적합성과 학생의 해당 대학에 대한 관심을 평가합니다.

이처럼 각 문항별로 학생에게 묻고자 하는 내용이 정해져 있으니 그에 해당하는 활동에 대해 서술해야 합니다. 본인의 글감 목록에서 질문별로 요구하는 자질을 잘 드러낼 수 있는 활동을 정해봅니다.

저는 학교 공부 관련 노력에서 '질문 노트를 활용한 과학 공부'를 선택했고, 학업 분야 수상 경력에서 논문대회 대상 및 금상, 전국청소년환경논문 발표대회 우수상 수상 경력을 골랐습니다. 활동/인성 분야에서는 사진공모전 금상 수상 경력을, 동아리 활동에서는 내셔널트러스트와 융합독서반 활동을 활용했습니다. 스터디 활동에서는 생탐스와 금개구리 생태탐사, 생물학 독서 스터디 활동을, 진로 활동에서는 TED 생태학강의 시청, 방과 후 학교 활동에서 서울여대 일반생물학 수강 경험을 활용했고, 축구부 미드필더로 활동한 내용도 추가했습니다. 표로 정리하면 다음과 같습니다.

1번 문항	2번 문항	3번 문항	4번 문항
TED 강의 시청	3년간 스터디 활동	축구부 미드필더	독서 관련 에피소드
UP 일반생물학 수강	논문 쓰기 과정		
생물학 독서 스터디	내셔널트러스트 동아리 활동	합창대회 알토장	시민단체 활동
질문 노트 활용			

보통 1번 문항에서는 2~3개, 2번 문항에서는 3개, 3번 문항에서는 1~2개, 4번 문항에서는 1~2개의 소재를 이용합니다. 하나의 이야기 흐름에 유기적으로 연결시킬 수 있다면 소재를 다양하게 다뤄도 좋습니다. 또한 소재가 부족하더라도 깊이 있게 다뤘다면 큰 단점으로 작용하지 않습니다. 따라서 소재의 개수에는 크게 신경 쓰지 말고 각 문항에 어떤 소재가 가장 어울릴지를 자유롭게 정해봅시다.

소재 선정 노트

↳ 핵심은 첫째도 둘째도 적합성입니다.

1번 문항

2번 문항

3번 문항

4번 문항

전교 I등의 스터디 플래너 작성 TIP7

많은 학생들이 공부할 때 플래너를 사용합니다. 하지만 본인만의 방식대로 작성하다 보니 비효율적으로 활용하는 경우가 종종 있습니다. 저는 중고등학교 6년 동안 꼬박꼬박 플래너를 작성했는데요. 어떻게 하면 가장 효율적으로 플래너를 쓸 수 있을지 지속적으로 고민하면서 저만의 작성법을 구축했습니다. 지금부터 제가 차근차근 쌓아온 노하우를 여러분에게 공개합니다.

TIP I I시간 단위로 공부 계획을 짠다

많은 학생들이 과목별로 공부 계획을 세웁니다. 저는 여기에 더해 1시간 단위로 공부량을 쪼개서 계획을 세웠습니다.

수) 유형아카데미
n기출 재풀이
n기출 재풀이
관) 마더텅 생1
마더텅 지1
하프 하1 읽
생1 읽
목) 화학 2013 문풀, 논술정리 (남은거 +20)
9모 생1 풀이
수특 지1 1강
영) 아밥
아밥
금) 아밥, ebs파이널, 올리기
리트
일) 수완, 아밥

이렇게 과목별로 분류한 후 1시간 단위로 공부할 내용을 나누고 플래너에 적었습니다. 그리고 완료한 공부 계획은 따로 표시했습니다. 이렇게 하면 ① 한눈에 내가 얼마나 공부했는지 알 수 있고 ② 한 과목 내에서도 해야 할 여러 공부를 균형 있게 계획할 수 있습니다.

TIP 2 형광펜으로 수행 여부를 표시한다

과목별로 고유의 색을 정해 수행한 학습 계획 옆에 색칠합니다. 이것이 제 플래

너 작성법의 가장 차별화된 부분입니다.

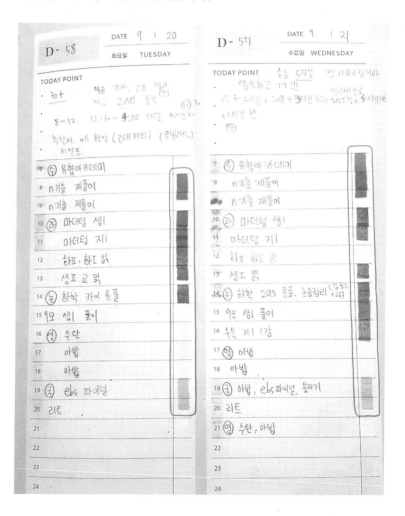

수학은 분홍색, 과학은 파란색, 영어는 형광색, 국어는 초록색, 이외의 과목은 주황색으로 색칠했습니다. 예를 들어 과학 마더텅 문제집 풀이 1시간 분량을 다 했다면 오른쪽 칸에 파란색 형광펜을 칠하는 것입니다. 사진에서 다 채워지지 않은 칸은 1시간 분량을 다 하지 못했을 경우 제가 한 분량만큼만 색칠한 것입니다.

보통 공부 수행 여부를 ○, △, × 이 세 가지 기호로만 표시하는데, 1분만 했든 59분을 했든 똑같이 △ 표시를 한다면 자기합리화에 그치고 맙니다. '그래도 이 과목 건드렸어!'라고 말이죠. 가능한 한 솔직하게 기록하기 위해 저는 실제 수행한 분량에 상응하는 만큼 색칠했습니다. 덕분에 나중에 플래너를 봤을 때 정확한 공부량을 파악할 수 있었습니다.

형광펜을 사용했을 때 가장 큰 장점은 과목별 공부 밸런스를 한눈에 파악할 수 있다는 것입니다. 공부를 다 끝내고 색깔별 칸수를 검토하면 '아, 오늘은 수학 공부를 계획보다 적게 했네. 국어는 2시간도 못 했군. 내일은 수학, 국어 공부를 더 많이 하자'라는 식의 피드백을 곧바로 스스로에게 할 수 있습니다.

TIP 3 공부 통계를 낸다

형광펜으로 색칠한 칸수를 막대그래프처럼 한 줄로 배치하면 정확한 공부 통계를 얻을 수 있습니다. 이때 중요한 과목 순서대로 배치하면 더 효과적입니다. 저는 이과라 수학 → 과학 → 영어 → 국어 → 이외 공부 순으로 나열했습니다. 다음과 같은 공부 통계는 플래너 남는 공간에 작성했는데, 모눈종이처럼 되어 있는 공간을 활용하면 정리하기 쉽습니다. 먼저 날짜를 적고 형광펜으로 하루하루 공부량을 표시합니다.

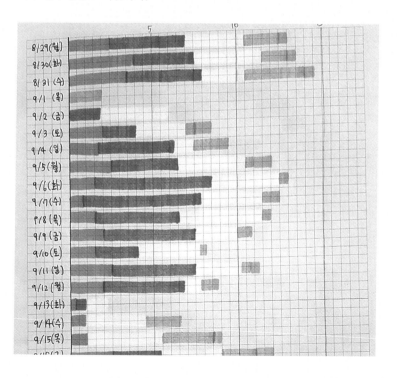

참고로 저는 모눈 2칸을 1시간 분량으로 설정했고, 5시간 단위로 샤프로 구분했습니다. 이렇게 하면 총 공부 시간이 몇 시간인지 한눈에 파악할 수 있습니다.

공부 통계 작성의 또 다른 장점은 공부 추이를 바로 분석할 수 있다는 것입니다. 예를 들어 앞의 공부 통계를 체크하면서 '9월 초중순에 수학 공부량이 확 줄었네. 더 늘려야겠다', '국어 공부 못 하는 날 없이 매일매일 해야지'라고 다짐하는 거죠.

TIP 4 가용 시간을 계산하여 공부 계획을 세운다

플래너를 쓰기 전에 먼저 공부 가용 시간을 계산해야 합니다. 공부 가용 시간이란 공부를 할 수 있는 시간을 의미합니다. 그날그날 공부를 할 수 있는 시간은 제각각입니다. 자율동아리 활동을 한다거나 진로 상담을 한다면 가용 시간은 평소보다 줄어듭니다.

저는 현실성 있는 공부 계획을 세우기 위해 가용 시간을 계산했습니다. 가용 시간에 맞춰 전체 공부량을 계획하고, '이 공부량은 100% 달성 가능하다'라는 생각으로 공부했습니다. 이렇게 하면 실현 가능한 공부 계획을 세울 수 있고, 소모적인 걱정에서도 벗어날 수 있습니다. 불안감이 들 때마다 '내가 계획한 이 공부량만 달성하면 최선을 다한 거다'라고 생각하면서 묵묵히 공부에 집중할 수 있었습니다.

TIP 5 이른 아침에 작성한다

이른 아침 공부를 시작하기 전에 플래너를 작성하는 것을 추천합니다. 저는 항상 오전 6시에 일어나서 7시면 학교에 도착했습니다. 7시에서 8시까지 1시간 동안 학교 자습실에서 자습을 했는데, 자리에 앉자마자 15분간 플래너를 작성했습니다. 가용 시간을 계산해보고 이전 공부 통계도 살펴보면서 오늘 계획을 짜는 것이죠. 이런 활동이 공부의 워밍업이 됩니다. 머리가 맑아지는 기분도 느낄 수 있답니다.

TIP 6 밀린 공부는 다음 날 첫 줄로 이동시킨다

많은 학생들이 밀린 공부를 '아 밀렸네…' 하며 그냥 날려버리는데, 저는 밀린 공부는 무조건 다음 날 공부 계획의 첫 줄로 이동시켜 놓치는 공부가 생기지 않도록 했습니다.

TIP 7 형식에 얽매이지 않는다

형식에 얽매이지 않는 것이 중요합니다. 지금까지 소개한 플래너 작성팁이 겉보기에만 치중한 것처럼 보일 수도 있습니다. 하지만 제가 플래너 작성팁을 개발해나가면서 마음속에 간직한 첫 번째 원칙은 바로 '형식에 얽매이지 말자'였습니다. 플래너는 분명 공부에 큰 도움이 되는 수단입니다. 말 그대로 수단일 뿐입니다. 공부를 스스로 제대로 하는 것이 최우선입니다. 공부에 해가 될 만큼 플래너에 치중하면 안 됩니다.

제 경우 공부 계획을 세웠는데 중간에 수정해야 할 일이 생기면 마음대로 수정했습니다. 색칠을 예쁘게 하려고 시간을 허비하지 않고 딱 내 공부에 도움이 될 정도로만 했습니다. 형식보다 '공부'라는 본질에 집중해야 한다는 것을 명심했으면 좋겠습니다.

직접 체크해보세요.

날짜	5	10	15

문항별
실전작성 노트

Practice 08 공통문항 1번: **학습 경험을 결합하라**

Practice 09 공통문항 2번: **전공적합성과 적극성을 어필하라**

Practice 10 공통문항 3번: **지속성과 진정성을 드러내라**

Practice 11 자율문항 4번: **지원동기가 핵심이다**

- - - - - - - - - - - -

드디어 자기소개서를 직접 써보는 시간입니다.

여기서부터는 문항을 집중 분석하고 앞서 선정한 글감과

그에 대한 설명 내용을 참고해 전체적인 맥락을 잡아가는 과정입니다.

직접 글을 써보면서 먼저 흐름을 잡고,

실제 자기소개서는 노트북이나 데스크톱을 통해 작성하세요.

- - - - - - - - - - - -

공통문항 1번:
학습 경험을 결합하라

〈공통문항 1번〉

고등학교 재학기간 중 학업에 기울인 노력과 학습 경험을 통해, 배우고 느낀 점을

중심으로 기술해 주시기 바랍니다. (띄어쓰기 포함 1,000자 내외)

먼저 이 질문의 목적을 찾기 위해 요구하는 것들을 나눠보면 다음과 같습니다.

① **고등학교 재학기간 중**

② **학업에 기울인 노력과**

③ **학습 경험을 통해**

④ **배우고 느낀 점을 중심으로 기술**

이 질문의 목적은 지원자가 자기주도적으로 학습하기 위해 얼마나 노력했는지를 파악하는 것입니다. 많은 학생들이 1번 문항에서 괄목할 만한 성과가 드러나야 한다고 착각합니다.

성과보다 과정이 훨씬 중요합니다. 결과의 우수함에 대한 강박관념을 버려야 합니다. 영어 말하기대회에서 금상을 받았다거나, 국어가 3등급에서 1등급으로 올랐다는 등 성과를 너무 강조하는 것은 바람직하지 않습니다. 오히려 본인이 상을 타지는 못했어도, 더 나아가 충격적인 실패를 경험했더라도 그 활동을 통해 자신의 부족함과 앞으로 나아가야 할 방향에 대해 깨달은 바가 있었다면 그것을 기술하는 게 더 좋습니다.

지금부터는 본격적으로 질문을 하나하나 뜯어봅시다.

① 고등학교 재학기간 중

'교내'라는 제한이 없기 때문에 교내외 경험을 모두 기술할 수 있습니다.

② 학업에 기울인 노력

반드시 '학업'에 대한 노력이어야 합니다. 당연히 인성 관련 활동이나 자율 활동에 대해서는 쓰면 안 됩니다. 웬만하면 정규 교과 과정, 즉 학교 수업이나 교과 공부에 대한 내용으로 시작하는 게 좋습니다.

제가 자기소개서를 봐주었던 학생 중 신약개발자를 희망하는 학생이 있었습니다. 그 학생은 처음에 이렇게 자기소개서를 썼습니다.

생명과학에서 첫 단원은 누구나 쉽게 이해할 수 있는 개념이 많았습니다. 그래서 저는 쉽게 이해하고 넘어갈 수가 있었습니다. 하지만 2단원 사람의 유전 단원에서 저는 한 번 넘어졌습니다. 체세포분열, 감수분열, 어려운 내용만 가득했던지라 이해가 가지 않고 막막하기만 했습니다. 하지만 포기하지 않고 끝까지 알려고 노력했습니다. 처음 들어본 단어들을 인터넷에서 하나씩 찾아보았습니다. …

안타깝게도 교과 내용에서 더 깊이 있게 확장해나가는 전개가 아닙니다. 또한 전공적합성도 제대로 어필이 되지 않습니다.

생명과학 교과서를 읽던 중 백신에 대한 내용이 나오기에 '백신에도 여러 종류가 있을까?'라는 생각이 들었습니다. 이 호기심을 해결하고자 구글에 ① 백신 이름들을 검색해보고 백신에 대한 서적을 읽어보았습니다. 그 결과 ② 백신에도 약독생균백신, 자가백신 등의 많은 종류가 존재함을 알게 되었습니다. 또한 각 백신들의 특징을 비교하고 분석했습니다. 예를 들어 … ③

첨삭을 통해 학교 교과 수업 중 궁금증(①)이 생겨 깊이 있는 공부를 해나가는 흐름(②)을 살렸습니다. 아울러 '신약개발자'라는 진로와 연관성이 있는 글감을 사용해 이후의 내용에서는 진로와 연결(③)시켰습니다. 이렇게 수정하니 글의 완성도가 높아졌습니다.

단, 이러한 '교과 과정 → 심화 공부'의 흐름이 무조건 필수적인 것은 아닙니다. 처음부터 전공에 관한 난이도 있는 내용을 스스로 찾아보며 더욱 깊이 공부하는 흐름도 나쁘지는 않습니다.

③ 학습 경험

다양하고 깊이 있는 배움의 경험을 어필하길 바랍니다. 특히 전공과 관련하여 본인의 개성과 깊이가 묻어나는 경험을 서술하는 것이 좋습니다.

④ 배우고 느낀 점

지적 성장이나 정신적 성숙 등에 대해 서술합니다. 피상적이고 뜬구름 잡는 내용보다는 본인의 진로나 전공에 대한 의미 있는 깨달음, '배움' 그 자체에 대한 본질적 깨달음을 기술합니다.

다음은 제가 첨삭해준 학생의 자기소개서 1번 내용입니다. 법학과에 지원한 학생입니다.

ICJ재판관이라는 꿈을 가진 후 '정의로운 법조인은 어떤 법조인인가'를 고민하다가 정의란 무엇인지에 궁금증을 품었습니다. 그래서 이에 대한 답을 주는 생활과 윤리 수업에 매료되었습니다. 처음에는 내용을 이론적으로 공부하려다 보니 이해가 어려웠습니다. 하지만 일상생활의 예시를 생각하며 공부하니 더 쉽게 이해할 수 있었습니다. 가령 롤스의 정의론을 청소 역할을 분담할 때 사다리 타기를 했던 상황에 적용했습니다. 동등한 위치에서 자신이 배정될 청소 구역이 어딘지 모르는 상황을 무지의 베일을 쓴 원초적 입장의 가상의 상황에, 덜 힘든 구역에 배정되기를 바라는 우리를 합리적 이기주의자에 빗대었습니다. 또한 한 역할에 과하게 많은 구역을 담당하지 않는 것을 위험 회피적 성향에 기초한 최악의 상황 대비로 생각했습니다. 이렇게 공부하다 보니 정의란 기본권이 평등하게 주어지고 사회적 약자에게 최대한의 이익을 주는 것이라고 생각했습니다. 이에 기본권을 해치지 않고 약자를 보호하는 법조인의 꿈을 품었습니다. 법률 공부는 단순 암기가 아닌 사례에 적용해나가는 과정이라 생각하기에 이러한 공부 방법이 앞으로의 공부에 큰 도움이 될 것이라고 생각합니다.
②

학습을 통한 지적인 성장(①), 전공에 대한 깨달음(②)이 잘 담겨 있습니다.

교과 공부와 탐구 활동, 방과 후 학교, 자율동아리, 독서와의 결합이 중요합니다. 교과 학습 활동부터 심화 탐구 활동, 동아리, 방과 후 학교, 독서에 이르기까지 확장적인 모양새를 가지도록 글을 쓰는 것이 좋습니다.

　

… 사진작가의 꿈에서 비롯된 생태학에 대한 호기심을 충족하고자 고1 때부터 TED 생태강의를 시청했습니다. 이를 통해 생태학이 '사회와 과학을 연결하는 다리' 역할을 함을 배웠습니다. 사회, 과학 모두에 관심이 있던 저는 틈나는 대로 독서에 주력했습니다. 특히 생태학 고전 독서를 통해 '생태학자란 생명에 대한 사랑을 바탕으로 자연 속의 관계를 규명하는 과학자'임을 깨달았고, '생태학자'라는 비전은 공부에 강한 동기부여가 됐습니다. 그 후 생명과학 공부를 더 깊이 있게 하고자 힘썼고, 수업 시간 '질문 노트'를 활용하여 지식을 확장시켜나갔습니다. 수업 중 의문이 생기면 필기해놓고 하교 후 웹 검색으로 궁금증을 해결하는 활동이었습니다. 또한 서울여대 UP 일반생물학 수강은 "생명이란 물질대사라는 흐름 속에서 일정한 형태가 유지되는 분수" 같은 것임을 깨달은 소중한 경험이었습니다. 3학년 때는 '생물바로미터' 자율동아리를 통해 생물학 양서들을 읽으며 심도 있게 공부했습니다. 이처럼 저는 능동적으로 학습하며 불리한 학습 환경을 극복해왔습니다. …

TED 강의 시청, 전공 분야 독서, '질문 노트'를 활용한 학교 공부, UP 수강, 전공 분야 자율동아리 활동. 이 모든 활동이 하나의 스토리라인으로 꿰어져 있습니다. 입학사정관 입장에서는 '이 학생이 학습하기 위해 다양한 노력을 해왔구나' 하고 판단할 수 있고, 당연히 더 매력적으로 느낄 겁니다.

스토리라인 실전 노트 ❶

글감 ①

스토리라인
↪ 학습 경험을 다양하게 결합하세요.

글감 ②

✏️ _____

_____

_____

_____

스토리라인

✏️ _____

_____

_____

_____

_____

_____

_____

_____

공통문항 2번:

전공적합성과 적극성을 어필하라

Practice
09

〈공통문항 2번〉

고등학교 재학기간 중 본인이 의미를 두고 노력했던 교내 활동(3개 이내)을 통해

배우고 느낀 점을 중심으로 기술해 주시기 바랍니다. 단, 교외 활동 중 학교장의

허락을 받고 참여한 활동은 포함됩니다. (띄어쓰기 포함 1,500자 이내)

질문이 요구하는 내용을 쪼개보면 다음과 같습니다.

① **본인이 의미를 두고 노력했던 교내 활동**

② **배우고 느낀 점을 중심으로 3개 이내로 기술**

2번 문항은 학생의 자기주도성, 전공적합성, 발전가능성, 창의성을 평가하는 문항입니다. 전공적합성을 주요하게 드러내야 하지만 전공 외 분야에서의 발전도 어필해야 합니다.

어떠한 글감을 전략적으로 선택하느냐가 매우 중요한 항목입니다. 보통 전공과 관련된 활동 2개, 그렇지 않은 활동 1개 총 3개 활동을 기술합니다. 다양한 활동을 하지 못했다면 억지로 큰 의미 없는 활동을 끌어오기보다는 두 가지 활동을 소상히 기술하는 편이 낫습니다. 그러나 한 가지 활동을 다루는 건 삼가야 합니다. 너무 성의가 없어 보이기 때문입니다.

① 본인이 의미를 두고 노력했던 교내 활동

교과 활동과 비교과 활동 모두 기술할 수 있습니다. 문항의 마지막을 보면 '단, 교외 활동 중 학교장의 허락을 받고 참여한 활동은 포함됩니다'라는 말이 있습니다. 교내 활동의 성실함이 전제된다면 교외 활동도 언급하는 것이 좋습니다. 주의해야 할 점은 '사전에 학교장의 허락을 받은 활동'만 자기소개서에 작성할 수 있다는 것입니다.

② 배우고 느낀 점을 중심으로 3개 이내로 기술

지적 깨달음, 사회에 대한 깨달음, 삶에 대한 깨달음 등 다층적인 배움에 대해 서술해야 합니다. 1번 질문에서와 마찬가지로 단순한 감정 표현이나 수치적인 성과에 대해 이야기하는 것은 삼가야 합니다.

예를 들어 '탈북 학생을 돕는 프로그램'에 참여했다고 합시다. 그러면 단순히 '이 활동을 통해 탈북 학생들의 어려움을 느낄 수 있었다', '그들을 위한 도움이 더 필요하다고 느꼈다'라는 식의 서술로는 충분하지 못합니다.

저는 이 과정에서 탈북 학생들도 우리와 별반 다를 바 없는 평범한 학생들이라는 사실을 마음 깊이 되새기게 되었습니다. 그들과 소통하면서 그들이 겪는 가장 큰 불편함은 사회의 문화적인 인식의 차이와 탈북 학생들을 향한 편견 어린 시선이라는 것을 알 수 있었습니다. 그래서 모든 탈북 학생들에 대해 무의식적으로 가지고 있는 편견을 버리고 그들이 우리 사회의 동등한 구성원으로 평등한 대우를 받을 수 있도록 사회적인 관심이 더 필요하다는 것을 느꼈습니다.

①

②

이와 같이 진지한 고민(①)과 깨달음(②)의 흔적이 글에 묻어나야 합니다. 단순히 스펙 한 줄 채우기 위해 적당히 참여한 활동이 아니라 분명한 동기를 가지고 참여한 활동임이 느껴져야 합니다. 또한 입학사정관이 '학생이 진지하게 활동에 임했고 이를 통해 전공이나 사회에 대한 진정성 있는 배움을 얻었구나' 하는 생각이 들도록 글을 작성해야 합니다.

아울러 본인의 희망 전공과 관련이 없는 분야의 활동도 중요합니다. 문과라면 이과적 소양을, 이과라면 문과적 소양을 기른 활동이 좋습니다. 예체능적 소양을 기른 활동도 좋습니다. 반대로 예체능 계열 학생이라면 문과, 이과 분야와 관련한 활동을 다루면 좋습니다. 대학은 '딱 한 길만 파고든' 학생보다는 '한 길을 파면서도 다양한 분야에 도전한 학생'을 선호합니다. 따라서 전공 이외의 분야 활동도 기술해 본인의 도전적인 면모를 보여줍시다.

저는 이과였는데, 희망 전공 이외 분야도 도전했음을 드러내기 위해 자연보전, 문화유산보호 시민단체인 내셔널트러스트에서 활동한 내용도 적었습니다.

정리하자면 2번 문항에서는 전공적합성과 전공 이외 분야에서의 적극성 이 두 가지를 모두 어필해야 합니다. 두 가지 모두를 균형 있게 드러내는 것이 중요합니다. 또한 배우고 느낀 점을 쓸 때는 본인의 가치관을 바꾸게 만든 지적·사회적·공동체적 깨달음에 대해 쓰는 게 좋습니다.

스토리라인 실전 노트 ❷

의미를 두고 노력했던 교내 활동 ①

✎ _____

_____

_____

→ 전공적합성과 전공 이외의 분야에서의 적극성을 드러내세요.

스토리라인

✎ _____

_____

_____

_____

_____

_____

_____

의미를 두고 노력했던 교내 활동 ②

🖉

스토리라인

🖉

의미를 두고 노력했던 교내 활동 ③

🖉

스토리라인

🖉

공통문항 3번:

지속성과 진정성을 드러내라

〈공통문항 3번〉

학교생활 중 배려, 나눔, 협력, 갈등 관리 등을 실천한 사례를 들고, 그 과정을 통해 배우고 느낀 점을 구체적으로 기술해 주시기 바랍니다. (띄어쓰기 포함 1,000자 이내)

질문을 분석해보면 다음과 같습니다.

① **학교생활 중**

② **배려, 나눔**

③ **협력, 갈등 관리**

④ **그 과정을 통해 배우고 느낀 점**

① 학교생활 중

1, 2번에서는 '고등학교 재학기간 중'이라는 표현을 사용했는데, 여기서는 '학교 생활 중'이라는 표현을 사용했습니다. 즉, 활동의 시기가 고등학교 3년으로 제한되어 있지 않은 것입니다. 고등학교에 다니기 전부터 본인이 인성 관련 활동을 해오던 것이 있다면 그 내용을 언급해도 됩니다. 그러나 이런 활동들이 현재의 고등학교 생활까지 연결되어야 합니다. 입학사정관은 항상 학생의 현재 모습이 궁금하기 때문에 현재와의 연결점을 조리 있게 설명해야 합니다.

② 배려, 나눔

봉사 활동을 했거나 배려, 나눔과 관련된 특별한 일화가 있다면 그것을 적습니다. 이 활동을 통해 본인과 공동체가 얻은 변화를 의미 있게 기술합니다.

③ 협력, 갈등 관리

공동체 속에서의 협력이나 소통을 통해 시너지 효과를 거둔 경험, 갈등 해결의 어려움과 해결 과정 등을 서술합니다.

④ 그 과정을 통해 배우고 느낀 점

자신이 속한 사회에 대한 깊이 있는 고민을 드러내는 것이 바람직합니다. 성찰적·사회적 자아를 지닌 면모를 깊이 있게 보여줍시다. 또한 앞으로 본인이 살아갈 삶과의 연관성을 적으면 좋습니다.

3번 문항을 작성할 때는 의미 중심으로 기술합니다. 의미 중심으로 서술하는 것은 모든 문항에서 중요하지만, 특히 3번 문항에서 더욱 중요합니다. 지식적인 측면이 아닌 인성적인 측면에 대해 묻고 있기 때문입니다. 본인이 특정 활동을 통해 느낀 인성에 대한 깨달음을 구체적으로 적어야 합니다.

상황을 너무 세세하게 묘사할 필요는 없습니다. 1, 2번은 잘 작성하던 학생들도 3번을 쓸 때 감정 묘사, 상황 묘사에 과도하게 치중하는 경향이 있습니다. 인성에 대해 서술해야 한다는 생각 때문인지 본인이 그때그때 느낀 점을 구체적으로 쓰는 경우가 많은데 정말 피해야 하는 행동입니다. 인성과 관련해서 깨달은 점을 적으라는 것이지 감성적인 소설을 쓰라는 말이 아닙니다.

인성과 관련해 본인이 설명하고자 하는 일화를 '동기 → 과정 → 결과 → 영향'

순으로 논리적으로 서술하세요. 본인이 느낀 감정도 '그들의 마음에 공감이 갔다', '나눔에서 오는 기쁨을 느꼈다' 등 한두 문장으로 표현할 수는 있습니다. 그러나 감정 표현을 그 이상 과하게 하는 것은 좋지 않습니다. 스토리를 중심으로 글을 작성합시다.

아울러 활동의 '지속성'과 '진정성'을 드러내는 것이 바람직합니다. 일회성에 머무는 활동보다는 꾸준히 진정성 있게 해온 활동을 다루는 것이 좋습니다. 갈등 관리의 경우에는 예외적으로 일회적인 경험을 서술해도 괜찮지만 배려, 나눔, 협력 부분을 염두에 두고 작성할 때는 가급적이면 지속적이고 진정성 있는 활동을 글감으로 선정합시다.

또한 개인적 인성보다는 사회적 인성을 어필하는 것이 좋습니다. 즉, '공동체의 일원으로서 필요한 바람직한 사고와 행동'을 어필하는 것입니다. 이는 사회성, 사회 역량이라고 일컬어지기도 합니다.

막연히 성격 자체가 착한 것보다 사회 속에서의 인성을 강조하는 것이 중요합니다. 본인이 사회적으로 성숙해가는 과정을 보여줍시다.

글감을 배려, 나눔, 협력, 갈등 관리와 같은 덕목과 연결할 때는 전략적으로 접근해야 합니다. 하나의 활동에 꼭 한 가지 덕목만 연결할 필요는 없습니다. 예를 들어 학습 멘토링 활동을 '배려'가 뒷받침된 '나눔'과 연결해 서술할 수 있습니다. 보통 배려는 나눔과, 협력은 갈등 관리와 맥을 같이한다는 점을 참고하세요.

한 가지 활동에 두 가지 덕목을 복합적으로 어필하는 게 좋습니다. 3번 문항에서는 아무리 많아봤자 2개의 이야기를 쓸 수 있으니, 아무래도 여러 덕목을 한 번에 드러내는 것을 추천합니다.

덕목을 본인의 진로와 연결시키면 아주 좋습니다. 예를 들어 본인이 CEO를 꿈꾼다면 '배려'를 통한 '갈등 관리'에 대해 서술하면 적합하겠죠. 이는 감성적 리더십과 연결되고, CEO에게 무척 중요한 자질이니까요. 이렇게 본인의 진로와 효과적으로 연결되는 스토리가 무엇인지를 고민해보면 좋을 것입니다.

많은 학생들이 어느 활동에 어느 덕목을 연결시켜야 하는지 궁금해하는데, 저는 다음과 같이 활동을 분류했습니다. 본인이 선정한 글감을 어떤 인성 요소와 연결 지을지 정할 때 참고하세요.

배려: 부적응 친구 돕기 / 장애인 친구 돕기 / 자발적인 청소 / 또래 상담

나눔: 멘토-멘티 / 요양원 봉사 / 불우이웃 봉사 / 벽화 그리기

협력: 동아리 활동 / 수행평가 과정 / 팀별 프로젝트 / 수련회 / 반별 활동

갈등 관리: 동아리 활동 / 각종 교내 활동에서 발생한 갈등 해결 노력

스토리라인 실전 노트 ❸

실천 사례 ①

🖉 _____

_____

→ 하나의 활동에 꼭 한 가지 덕목만 연결할 필요는 없습니다.

연결시킬 덕목

🖉 _____

_____

스토리라인

🖉 _____

_____

_____

_____

_____

실천 사례 ②

🖊

연결시킬 덕목

🖊

스토리라인

🖊

자율문항 4번:
지원동기가 핵심이다

Practice
11

자기소개서 4번은 대학별 자율문항으로 대학마다 내용이 다릅니다. 주로 지원

동기, 지원자를 선발해야 하는 이유, 성장 환경, 학과에 들어오기 위한 준비 과

정과 노력, 학업 계획, 진로 계획 등을 물어봅니다.

여기에서는 먼저 어떤 질문이든 공통적으로 적용되는 작성법을 살펴봅니다. 이

후 각 질문별로 어떻게 작성해야 하는지를 구체적으로 알아보도록 하겠습니다.

지원동기가 포함되어야 한다

입학사정관이 자기소개서를 통해 가장 알고 싶은 것이 무엇일까요? 바로 '지

원동기'입니다. 문항에서 지원동기를 묻고 있든 그렇지 않든, 무조건 지원동기

를 드러내야 합니다. 성장 환경에 대한 질문이더라도 '성장 환경은 ○○○한데

×××한 경험을 통해 이 학과에 지원했다'고 서술해야 합니다.

대부분의 경우 4번 문항에서 지원동기를 묻지만, 지원동기가 아닌 다른 내용을 묻는 대학에 지원할 때도 지원동기가 필수라는 점을 꼭 기억하세요.

대학의 인재상, 주요 프로그램, 학과 특성을 반영한다

4번 문항은 대학에서 자체적으로 질문을 정하기 때문에 해당 대학에 적합한 인재를 선발하기 위한 가장 핵심적인 문항이라고 볼 수 있습니다. 따라서 4번 문항을 작성하기 전에 지원 대학의 입학처 사이트를 꼭 방문해보길 권합니다.

해당 대학의 인재상, 학교 비전, 건학이념 등을 꼼꼼히 살펴보세요. 그리고 대학에서 시행하는 주요 프로그램은 무엇이 있는지 조사해보세요. 아울러 지원하고자 하는 학과는 어떤 특성을 가지고 있는지, 학과의 커리큘럼은 어떤지 확인해보시길 바랍니다.

이런 조사는 치밀할수록 좋습니다. 저는 지원한 대학의 입학처와 학과 사이트, 대학 홍보영상 등 접근할 수 있는 자료를 싹 다 모아 대학별로 워드 파일에 정리했고, 4번 문항을 작성할 때 반영했습니다.

다음은 고려대학교 국어국문학과에 지원한 학생의 예시입니다.

제 목표는 국문학 연구원이 되는 것입니다. 이 목표를 이루어내는 과정에서 고려대학교 국어국문학과는 제게 최상의 학습 환경을 제공해줄 것이라 생각하기에 지원하였습니다. 고려대학교는 민족의 대학으로서 애국애족의 정신을 중요시합니다. 이러한 학풍은 제가 국문학을 연구해감에 있어서 우리말과 우리나라를 사랑하는 마음으로 더욱 열정을 가지고 임하도록 하는 원동력이 될 것입니다. 또한 고려대학교 국어국문학과는 교수님들의 전공 분야가 균형 있는 구성을 이루고 있어 전문적이고 체계적인 강의를 들을 수 있습니다. 이러한 학과에서 수학한다면 더욱 폭넓고 깊이 있는 공부를 할 수 있을 것이라 생각합니다.

이렇게 대학을 꼼꼼히 조사하고 그것을 글에 녹여내서 대학에 대한 열정을 드러냅시다. '이 대학, 이 학과 아니면 절대 안 간다!'라는 열망이 느껴지도록요.

중복을 최대한 피한다

1, 2, 3번 문항에서 쓴 내용은 가급적 쓰지 않는 것이 좋습니다. 만약 4번에서

준비 상황에 대해 묻는다면 앞에서 언급한 내용을 2~3줄 정도로 요약해서 도입부에 작성하는 것은 괜찮습니다. 하지만 같은 소재로 비슷비슷하게 작성하는 것은 바람직하지 않습니다.

특히 2번 문항과 중복될 가능성이 꽤 높은데, 참신함이나 중요도가 조금 떨어지는 소재더라도 나름의 의미를 부여하고 살을 붙여 4번 문항에 적어봅시다.

지금부터는 항목별로 분석해보겠습니다.

① 지원동기

지원동기는 4번 문항의 핵심입니다. 학생의 목표와 꿈을 파악하기 위한 질문으로, 꿈을 이루는 데 이 학교 또는 이 학과가 본인에게 필요함을 설득해야 합니다. 이때 반드시 자신의 목표와 꿈을 직접적으로 제시해야 합니다.

> 제 목표는 생태복원 전문가가 되는 것입니다. 이 목표를 이루는 과정에서 연세대학교 시스템생물학과는 제게 가장 필요한 배움의 환경을 제공해줄 것을 확신하기에 지원했습니다.

본인의 진로뿐만 아니라 해당 대학과 학과에 지원한 구체적인 동기도 언급하는 것이 좋습니다. 보통 '진로, 꿈 제시 → 해당 대학, 학과 선택 → 대학 선택 이유 → 학과 선택 이유' 순으로 전개합니다. 앞서 예시로 들었던 연세대학교 4번 문항을 다시 가져와보겠습니다.

목표 제시

해당 학과,
학과 선택

제 목표는 생태복원 전문가가 되는 것입니다. 이 목표를 이루는 과정에서 연세대학교 시스템생물학과는 제게 가장 필요한 배움의 환경을 제공해줄 것을 확신하기에 지원했습니다. 연세대학교만의 RC교육을 통해 제 목표의

대학 선택 이유

본질적인 토대가 되는 인류에 대한 사랑을 함양할 수 있기 때문입니다. 또한 생물의 생명 현상을 규명하는 동시에 환경과의 관계까지 통합적으로 탐구한다는 학과의 특징은 제가 공부하고자 하는 생명과학의 미시적, 거시적 관점을 균형 있게 배울 수 있도록 이끌어줄 것이라 생각합니다.

학과 선택 이유

플롯이 딱 맞죠? '그 대학이어야만 하는 이유', '그 학과여야만 하는 이유'를 확실히 언급하는 것을 추천합니다.

② 준비 상황

준비 상황을 작성할 때는 1~3번 문항에서 다룬 본인의 이야기를 짧게 요약한 후 관련 활동에 대한 내용을 덧붙이면 효과적입니다. 예를 들면 다음과 같은 식으로 작성할 수 있습니다.

저는 목표에 대한 열정으로 다양한 노력을 해왔습니다. 사회를 바라보는 시각을 넓히기 위해 외국인 근로자 의료 혜택에 관한 탐구를 진행했습니다. 또한 유네스코 학교포럼 활동을 통해 사회적 소수자에 대한 편견을 버리자는 생각을 했고 탈북학생 협력학교 협력단에 참여하며 언어적 이해의 중요성을 느꼈습니다. ── 요약

아울러 판사의 역할을 직접 체험해보고 싶어 학생자치법정에서 판사로 활동했습니다. 모의재판 과정에서 관련된 자료들을 면밀히 검토하고 논리적으로 분석했습니다. 이를 바탕으로 합리적인 결론을 도출하고자 노력했습니다. 이 활동을 통해 판사는 공정하고 정의로운 태도를 지녀야 함을 느꼈습니다. 또한 자신의 생각을 논리정연하고 명확하게 표현하는 능력이 중요함을 배웠습니다. ── 추가 내용

③ 학업 계획

학업 계획을 서술할 때는 본인이 어떤 지식을 쌓고 그것을 어떻게 활용할지 이야기하면 됩니다. 주로 대학에서 어떻게 학업을 진행해나갈 것인지를 적습니다. 전공 공부도 충실히 하면서 다른 여러 학문 분야에도 관심을 가지고 교양을 쌓겠다는 뉘앙스로 가면 좋습니다.

학업 계획에서 승부수를 띄우려면 학과 사이트에 들어가서 커리큘럼을 꼼꼼히 살펴봐야 합니다. 학년별로 어떤 과목을 배우는지, 어떤 과목이 전공필수고 어떤 과목이 전공선택인지 등을 구체적으로 살펴보길 바랍니다. 그렇게 한 후 본인의 진로와 관련된 몇 가지 과목을 정해서 그것을 자기소개서에 작성하세요. 학업 계획이 뚜렷한 학생이라고 평가받을 것입니다.

다음은 광운대학교 전자공학과에 지원한 학생의 첨삭 예시입니다.

저는 광운대학교에 입학하여 1학년 때는 영어 읽기와 쓰기, 대학수학 및 연습 등 교양 과목을 성실히 수강할 것입니다. 전기공학도를 꿈꾼다고 해서 해당 분야만 열심히 하기보다는 폭넓은 교양을 쌓고 싶습니다. 2학년 때는 본격적으로 전공에 대한 수업들에 집중할 것입니다. 물리전자, 회로이론, 전자기학, 디지털공학 등의 과목을 열정적으로 공부하겠습니다. 3학년 때는 전자회로, 통신이론, 반도체 공정 및 설계 등 관심 있는 과목들을 중점적으로 공부하고자 합니다. 4학년 때는 캡스톤 설계나 RFIC 설계 및 실험 등의 심화강의들을 들으며 심도 있는 전자공학 지식을 쌓고자 합니다.

④ 진로 계획

진로 계획은 크게 직업을 갖기 위한 계획과 직업을 가진 후 꿈을 이루기 위한 계획 이렇게 두 가지로 구분해 생각할 수 있습니다. 이렇게 나누어 기술하면 본인의 발전가능성을 드러낼 수 있습니다.

거창하고 모호한 포부를 내세우기보다는 실현가능한 구체적인 계획을 서술하세요. 그래야 진로에 대한 진정성 있는 면모를 드러낼 수 있습니다. 제가 첨삭해준 학생의 예시를 참고하길 바랍니다.

… 학부를 졸업하고 나서는 EBS와 같은 공영방송국에 소속되어 교양 다큐멘터리를 제작하는 데 기여하는 방송작가가 되고 싶습니다. 많은 대중들에

게 시사, 과학, 인문학 등 다양한 분야의 교양 지식을 쉽고 재미있게 전달해

주는 방송작가의 삶을 살고자 합니다. 이러한 꿈을 최고의 대학 가톨릭대

학교에서 이루어가고 싶습니다. 배움에 대한 열정과 인류에 대한 사랑으로

방송작가의 길을 정진하여 가톨릭대학교를 빛내는 사람이 될 것을 약속드

립니다.

⑤ 교육 환경/성장 과정

교육 환경이나 성장 과정을 묻는 문항에서는 어떤 경험을 통해 현재의 내가 완

성되었는지를 서술하면 됩니다. 부모님의 교육 방식이나 성향, 학교의 특별한

교육 방침, 해외 거주 경험, 가난 등이 주된 소재입니다.

보통 어려움을 극복한 사례를 많이 적습니다. 아무래도 큰 어려움 없이 자란 모

습보다는 크고 작은 역경을 겪으면서도 그 속에서 성장한 모습을 보여주는 것

이 더 인상적이기 때문입니다. 고난을 겪으면서도 포기하지 않고 극복하는 학

생, 그 속에서 깨달음을 얻는 학생에 더욱 눈길이 가는 건 당연할 것입니다.

본인의 인생을 되짚어보면서 어떤 경험을 글의 소재로 삼는 게 좋을지 고민해봅

시다. 고난의 크기가 작았든 컸든 본인에게 영향을 미친 경험이 있었다면 그걸 글로 써봅시다. 본인의 역경 극복 가능성과 발전가능성을 어필할 수 있습니다. 다음은 KAIST에 지원한 학생의 4번 문항에서 일부 발췌한 내용입니다.

부드럽고 차분하게 저를 교육해주신 부모님의 영향으로 저는 가르치는 일에 늘 흥미를 느끼고 좋아했습니다. 그래서 초중고 생활을 하며 다양한 선생님들을 겪을 때마다 어떤 선생님이 가장 아이들에게 좋은 선생님일까를 고민했습니다. 학교생활을 마무리하는 현 시점에 내린 제 답은 바로 '학생을 자식같이 돌보는 선생님'입니다. 물론 지식을 잘 전달하는 것도 중요하지만 더 중요한 것은 학생 한 명 한 명에 대한 정성이라고 생각합니다. 그래서 저는 이런 교사로 성장하기 위해 최선을 다해 노력할 것입니다.

지원동기&전공적합성 작성 TIP! ──────────────────────

지원동기는 보통 단독으로 묻기보다는 준비 상황, 진로 계획, 학업 계획 등과 연계하여 복합적으로 물어봅니다. 이 경우 다른 지원동기와 다른 질문에 대한 답의 분량을 5:5~3:7 정도로 구성하는 것이 좋습니다.

지원동기만 묻는다고 해도 지원동기만으로 1,000~1,500자를 채우는 건 불가능합니다. 이러한 경우에는 앞서 언급한 플롯대로 글을 작성하고 준비 상황이나 진로 계획, 학업 계획 중 하나를 정해 그에 대해 추가로 서술해 내용을 풍부하게 만들어줄 필요가 있습니다.

지원동기를 포함한 복합적인 문항에 답을 작성해야 한다면 다른 유형에 대한 분석을 참고하여 글을 써보기 바랍니다.

전공적합성은 자기소개서 2번 문항에서 전공과 관련된 활동을 작성할 때와 동일한 방식으로 드러내면 됩니다. 만약 지원 전공과 관련된 진로 활동이 충분치 않다면 그나마 관련이 있는 활동을 다루거나 관련이 거의 없어도 본인이 대학 인재상에 부합하는 인재임을 어필할 수 있는 활동을 다루면 됩니다.

지원 대학&학과 분석 노트 ❶

↘→ 아주 작은 정보도 놓치지 말고 수집하세요.

지원 대학&학과 ①

🖉 _____

인재상

🖉 _____

_____

_____

주요 프로그램

🖉 _____

_____

_____

_____

학과 특성

지원 대학&학과 분석 노트 ❷

지원 대학&학과 ②

🖉 _____

인재상

🖉 _____

_____

_____

주요 프로그램

🖉 _____

_____

_____

_____

학과 특성

지원 대학&학과 분석 노트 ❸

지원 대학&학과 ③

🖊 _____

인재상

🖊 _____

_____

_____

주요 프로그램

🖊 _____

_____

_____

_____

학과 특성

지원 대학&학과 분석 노트 ❹

지원 대학&학과 ④

🖉 _____

인재상

🖉 _____

_____

_____

주요 프로그램

🖉 _____

_____

_____

_____

학과 특성

스토리라인 실전 노트 ❹ ─────────────────

I. 지원동기 (지원 대학 :   )

나의 진로

✐ _____

해당, 대학 학과 선택

대학 선택 이유

✐ _____

_____

_____

학과 선택 이유

✐ _____

_____

_____

2. 준비 상황

글감

✎ _____

스토리라인

✎ _____

_____

_____

_____

3. 학업 계획

스토리라인

✎ _____

_____

_____

_____

4. 진로 계획

직업을 갖기 위한 계획

✏

꿈을 이루기 위한 계획

✏

---

5. 교육 환경/성장 과정

스토리라인

스토리라인 실전 노트 ❹ ─────────────────

I. 지원동기 (지원 대학 :   )

나의 진로

🖉 ────────────────────────────────

해당, 대학 학과 선택

대학 선택 이유

🖉 ────────────────────────────────

────────────────────────────────

────────────────────────────────

학과 선택 이유

🖉 ────────────────────────────────

────────────────────────────────

────────────────────────────────

2. 준비 상황

글감

🖊 ────────────────────────────────

스토리라인

🖊 ────────────────────────────────

────────────────────────────────

────────────────────────────────

────────────────────────────────

3. 학업 계획

스토리라인

🖊 ────────────────────────────────

────────────────────────────────

────────────────────────────────

────────────────────────────────

4. 진로 계획

직업을 갖기 위한 계획

✎ _____

_____

_____

_____

꿈을 이루기 위한 계획

✎ _____

_____

_____

_____

5. 교육 환경/성장 과정

스토리라인

스토리라인 실전 노트 ④

I. 지원동기 (지원 대학 :   )

나의 진로

✎ _____

해당, 대학 학과 선택

대학 선택 이유

✎ _____

_____

_____

학과 선택 이유

✎ _____

_____

_____

2. 준비 상황

글감

🖉 _____

스토리라인

🖉 _____

_____

_____

_____

3. 학업 계획

스토리라인

🖉 _____

_____

_____

_____

4. 진로 계획

직업을 갖기 위한 계획

✐

꿈을 이루기 위한 계획

✐

5. 교육 환경/성장 과정

스토리라인

스토리라인 실전 노트 ⑪

I. 지원동기 (지원 대학 :   )

나의 진로

✎ _____

해당, 대학 학과 선택

대학 선택 이유

✎ _____

_____

_____

학과 선택 이유

✎ _____

_____

_____

2. 준비 상황

글감

_____

스토리라인

_____

_____

_____

_____

3. 학업 계획

스토리라인

_____

_____

_____

_____

4. 진로 계획

직업을 갖기 위한 계획

✏ _____

_____

_____

_____

꿈을 이루기 위한 계획

✏ _____

_____

_____

_____

5. 교육 환경/성장 과정

스토리라인

전교 1등의 내신 공부 STEP6

내신을 준비할 때 중요한 것 중 하나가 본인이 치룬 시험을 철저히 분석해서 이후의 시험을 준비할 때 그 내용을 활용하는 것입니다. 시험 준비는 열심히 하면서도 막상 시험이 끝나면 본인이 부족했던 점을 분석하지 않고 해방감에 취해 시험에 대한 기억 자체를 지우는 학생들이 많습니다. 정말 중요한 점을 놓치는 것입니다. 시험을 열심히 준비하는 것 못지않게 시험을 꼼꼼히 분석하는 것도 중요합니다.

준비물: 자신이 직접 푼 시험지, 답안지(해설이 포함된 것), 분석 결과를 적을 노트

*시작하기 전에 답안지를 이용해 채점을 꼼꼼하게 해놓으세요!

STEP 1 과목별 난이도 평가

난이도는 글로 표현해도 되고 별점(★)으로 표현해도 됩니다. 저는 빨간색 볼펜으로 별점 표시를 했습니다. 난이도를 주관적으로 따져보며 앞으로의 시험에서는 어떤 과목에 심화학습이 필요한지 판단합니다.

1. 난이도 평가 ★ ★ ★ ★ ☆

주의할 점은 시험 난이도가 항상 비슷하지는 않다는 것입니다. 중간 때 어려우면 기말 때 쉬울 수 있고, 그 반대일 수도 있습니다. '모든 과목 시험을 만반의 준비 상태에서 치를 것이지만, 이번에 어려웠던 과목은 좀 더 주의를 기울여서 열심히 공부해야겠다!'라고 다짐하는 것이 바람직합니다. 쉬웠다고 무시하다 큰코다칠 수 있습니다.

STEP 2 틀린 문제 씹어 먹기

과목별 난이도 평가를 완료했다면 이제 틀린 문제를 하나하나 씹어 먹을 차례입니다. 틀린 문제를 보고 본인이 이 문제를 어떤 사고 과정으로 풀었는지 떠올려봅시다. 그리고 해설지를 정독한 후 다시 문제를 꼼꼼히 들여다보면서 왜 이 문제를 틀렸는지 생각해보세요.

틀린 이유는 크게 개념 부족, 실수, 시간 부족 세 가지로 나눌 수 있습니다. 여기에서 하나를 고르고, 틀린 이유까지 구체적으로 숙고해보세요. 제가 작성한 다음 사례를 참고해 본인이 쓸 수 있는 가장 구체적인 이유를 작성하세요.

```
2. 틀린 문제 분석
[객8] 실수 : '모두 고르시오'를 '고르시오'로 착각함. 문제 자체를 꼼꼼히 읽는 습관이 결여.
[객13] 개념부족 : 반어법 vs 역설법 개념이 부족했음. 범위 내 문학 개념어 공부가 부족했음
[주4-①] 시간부족 : 주관식 문제들 중 40~50자가 되는 긴 답안을 요구하는 문제가 있을
수 있다는 걸 몰랐음. 한 바퀴째 풀 때 시간을 너무 많이 써서 이때 시간이
절대적으로 부족했음
[객21] 개념부족 : 교과서에 필기를 완벽히 외우지 않아서 틀림. 어떤 상징을 갖는
시어를 체크해야 했는데 2개 중 애매해서 적음. 틀림
```

이렇게 구체적으로 문제를 분석해야 감으로만 대충 알고 있던 본인의 실패 요인을 객관적으로 파악할 수 있답니다.

STEP 3 앞으로의 공부 방향 설정하기

지금까지의 분석을 바탕으로 앞으로 어떻게 공부해야 이 문제를 극복할 수 있는지 생각해봅시다. 여러 방법이 있겠지만, 무엇보다 가능한 한 상세하게 적어

야 하는 것이 기본입니다.

> 3. 앞으로의 공부 방향
> ★ 문제를 처음부터 끝까지 꼼꼼히 읽는 습관을 들이자. 그리고 '모두'의 유무, '많은'의 유무
> 에 특히 주의하자. 이 단어들이 나오면 밑줄긋자.
> ★ 반어법 vs 역설법 개념 공부 완벽히 하자. 범위 내 개념어는 무조건 참고서 + 네이버
> 검색으로 정복하자.
> ★ 40분 내엔 싹 한 번 풀자. 시간 너무 오래 걸리는 건 ☆표 치고 PASS !
> ★ 교과서 필기내용은 기본 중의 기본이다. 딱 문제로 나오면 딱 튀어나오도록
> 철저히 암기하자.

STEP 4 시험 스타일 파악하기

문제를 분석하다 보면 과목별로 시험 스타일이 어떤지 점점 감이 잡힐 겁니다.

이 느낌을 바탕으로 세부적인 요소까지 철저하게 분석해봅시다.

– 문제수

– 객관식/주관식/서술형의 비율, 유형별 난이도

– 문제 출처 소스, 각각의 비중(교과서, 프린트, 부교재, 수업 필기 등)

– 풀기 어려웠던 유형이나 특이한 유형

– 그 외 시험 스타일에 관한 개인적인 코멘트

이와 같은 요소들을 과목별로 다음과 같이 정리해보세요.

4. 시험 스타일
- 문제수 : 옌 23 음 5 A 5   70% : 15% : 15%   일부 객관식. 서술형문제가 고난도.
- SOURCE : 교과서. 프린트. 교과서 필기.   교과서+필기가 훨씬 중요.
- 특징 : 무난한 편이나 킬러 문제에서 외부지문 (수특/기출) 등장하기도 함. 섬세한 개념 요구.
- 코멘트 : 내 노력 부족이 젤 컸다. 3번만 잘 실행하면 무난히 90점대 가능.

STEP 5 공부 외적인 실패 요소 찾아보기

시험 성적에 가장 큰 영향을 미치는 것은 물론 공부 실력입니다. 하지만 시험

전에 잠은 얼마나 잤는지, 너무 불안해하지는 않았는지, 시험 직후 가채점을 하

다 멘탈이 나가 다음 시험에 악영향을 주지는 않았는지, 긴장해서 불안한 상태

로 시험을 보지는 않았는지, 친구들이 중간에 놀자고 할 때 유혹을 뿌리치지 못

한 건 아닌지 생각해보면 시험 외적 요소 또한 무시할 수 없습니다.

	Date	No

5. 공부 외적인 실패요소
- 너무 긴장해서 집중도 저하. ⇒ 시간 재고 실전 연습 3회 이상.
- 학교에 너무 간당간당하게 와서 정신 없었음 ⇒ 시험 시작 1시간 전엔 오자.

공부 외적인 요소들도 분명 시험에 영향을 미칩니다. 이러한 요소들 중에 이번 시험에서 본인에게 실제로 악영향을 미친 요소들이 있는지 점검해보세요. 그리고 어떻게 극복할 수 있을지 생각해봅시다. 이런 것들까지 고려하면 다음 시험을 훨씬 완벽하게 대비할 수 있습니다.

STEP 6 정갈한 필기

지금까지 분석한 모든 내용을 노트에 정갈하게 정리하세요. 깔끔하게 정리해놓지 않으면 나중에 볼 가능성이 뚝 떨어집니다. 반드시 과목별로 반듯하게 필기해야 합니다.

틀린 문제 씹어 먹기의 경우 어떻게 필기해야 할지 고민이 될 수도 있습니다. 오답 노트를 정리하듯 할 필요는 없습니다. 틀린 요인만 나열해도 충분합니다.

< 국어 >

1. 난이도 평가 ★ ★ ★ ★ ☆

2. 틀린 문제 분석

[객8] 실수 : '모두 고르시오'를 '고르시오'로 착각함. 문제 자체를 꼼꼼히 읽는 습관이 결여.

[객13] 개념부족 : 반어법 vs 역설법 개념이 부족했음. 범위 내 문학개념어 공부가 부족했음

[주+(1)] 시간부족 : 주관식 문제들 중 40~50자 되는 긴 답안을 요구하는 문제가 있을
수 있다는 걸 몰랐음. 한 바퀴 째 풀 때 시간을 너무 많이 써서 이때 시간이
절대적으로 부족했음

[객21] 개념부족 : 교과서에 필기를 완벽히 외우지 않아서 틀림. 어떤 상징을 갖는
시어를 체크해야 했는데 2개 중 애매해서 적음. 틀림

3. 앞으로의 공부 방향

★ 문제를 처음부터 끝까지 꼼꼼히 읽는 습관을 들이자. 그리고 '모두'의 유무, '않은'의 유무
에 특히 주의하자. 이 단어들이 나오면 밑줄긋자.

★ 반어법 vs 역설법 개념 공부 완벽히 하자. 범위 내 개념어는 무조건 참고서 + 네이버
검색으로 정복하자.

★ 40분 내엔 딱 한 번 풀자. 시간 너무 오래 걸리는 건 ☆표 치고 PASS !

★ 교과서 필기내용은 기본 중의 기본이다. 딱 문제로 나오면 딱 튀어나오도록
철저히 암기하자.

4. 시험 스타일

- 문제수 : (객)23 (주)5 (서)5   70% : 15% : 15%   일부 객관식. 서술형문제가 고난도.

- SOURCE : 교과서. 프린트. 교과서 필기. 교과서+필기가 훨씬 중요.

- 특징 : 무난한 편이나 킬러 문제에서 외부지문 (수특/기출) 등장하기도 함. 섬세한 개념 요구.

- 코멘트 : 내 노력 부족이 젤 컸다. 3번만 잘 실행하면 무난히 90점대 가능.

164

5. 공부 외적인 실패요소

- 너무 긴장해서 집중도 저하. ⇒ 시간 재고 실전연습 3회 이상.

- 학교에 너무 간당간당하게 와서 정신 없었음 ⇒ 시험 시작 1시간 전엔 오자.

우리가 관심을 가져야 하는 것은 '그때 그 문제'를 다시 맞추는 것이 아니라 '그 때 틀린 그 이유'를 파악하고 그것을 극복하는 것입니다.

셀프
첨삭 가이드

Practice 12 내용 첨삭 가이드

Practice 13 표현 첨삭 가이드

축하합니다! 드디어 자기소개서를 완성했습니다. 하지만 여기서 끝난 것이 아닙니다.
정말 중요한, 어쩌면 앞선 과정보다 훨씬 더 긴 여정이 남아 있습니다.
바로 '첨삭'입니다. 첨삭은 퇴고, 탈고라고도 할 수 있습니다. 이는 글을 다듬고 고치며
글의 완성도를 높이는 작업입니다. 이 과정을 통해 어색하고 거칠었던 글을
더욱 유려하게 만들어나갈 것입니다.

남은 시간 동안 집중적으로 첨삭하면서
입학사정관의 눈길을 사로잡을 최고의 글을 완성해봅시다!

내용 첨삭 가이드

자기소개서에 사용한 소재, 서술 흐름, 배우고 느낀 점 등에 대해 꼼꼼히 첨삭

해봅시다.

중구난방은 No! 하나의 줄기로 엮어라

자기소개서의 내용은 서로 유기적으로 연결되어야 합니다. 마치 나무줄기에 가

지가 달려 있듯이 말입니다. 각각의 소재가 나뭇가지가 되고, 그것들이 '나'라는

줄기에 연결되어 있다고 생각하면 됩니다. 각각의 활동이 나를 성장시키는 데

한몫 했고, 그 활동들이 모여 현재의 내가 완성되었다는 느낌이 들도록 글을 써

야 합니다.

신선함이 느껴지는지 고민하라

글에서 신선함이 느껴지는지 판단해보세요. 평범하고 지루한 자기소개서는 입학사정관들의 눈에 들 수 없습니다. 글이 개성 있고 흥미로울수록 좋은 평가를 받는다는 건 당연한 사실입니다.

본인의 글을 다시 읽어보면서 객관적으로 평가해봅시다. 일반적인 자기소개서와는 다른 매력이 느껴진다면 다행입니다. 그러나 신선함이 부족하다고 느껴진다면 수정할 필요가 있습니다. 차별화된 글감을 사용하거나 센스 있는 표현을 사용하는 등 변화를 줘봅시다.

'본인만이' 느낄 수 있는 바를 적었는지 확인하라

자기소개서 1, 2, 3번 문항 모두 특정 활동을 통해 '배우고 느낀 점'을 쓸 것을 요구합니다. 그만큼 대학에서는 학생이 무엇을 배우고 무엇을 느꼈는가에 큰 관심을 가지고 있음을 알 수 있습니다.

사실 같은 활동을 했다고 해도 배우고 느낀 점이 어떤지에 따라 자기소개서의 질이 달라집니다. 다소 평범한 활동이라고 해도 그 소감을 깊이 있게 쓴다면 훌륭한 평가를 받을 수 있습니다. 단순히 '흥미가 생겼다', '더 잘 이해됐다' 정도의

얕은 소감보다는 전공에 대해, 진로에 대해, 더 나아가 공동체와 사회에 대해 무엇을 느꼈는지 서술하는 게 좋습니다. 이 점을 고려해 첨삭을 해봅시다.

전공적합성이 핵심이다

앞서 학생부종합전형의 평가 요소로 전공적합성, 학업 역량, 인성, 발전가능성을 들었습니다. 자기소개서에서는 '전공적합성'이 가장 중요한 평가 요소입니다. 자기소개서를 통해 본인이 왜 이 학과에 지원했는지, 어떤 계기로 이 전공에 관심을 가졌는지, 어떤 노력을 해왔는지를 소상하게 밝혀야 합니다.

아무리 내신이 높고 스펙이 좋아도 자기소개서에서 학생의 전공적합성이 제대로 드러나지 않는다면 합격 확률은 크게 떨어집니다. 반대로 내신이 조금 부족해도 전공에 대한 지원자의 뜨거운 열정과 전문성이 보인다면 합격 확률은 크게 오릅니다.

이렇듯 전공적합성이 자기소개서의 중요한 평가 요소이므로 본인의 글에서 전공적합성이 확실히 드러나는지 검토해봅시다.

표현 첨삭 가이드

이제 내용을 확실히 다듬었다면 표현을 집중적으로 첨삭해봅시다.

두괄식으로 서술하라

두괄식이란 글의 첫머리에 중심 문장이 오는 글의 구성 방식을 말합니다. 글쓰기 형식에는 두괄식, 미괄식, 양괄식 등 다양한 형식이 있습니다. 미괄식은 중심 문장이 글의 맨 마지막에 오는 글을, 양괄식은 중심 문장이 글의 맨 앞과 맨 뒤에 오는 글을 뜻합니다.

이렇게 글에는 다양한 형식이 존재하는데 우리는 왜 하필 두괄식으로 서술해야 할까요? 자기소개서는 스스로를 어필하고 설득하는 글입니다. 입학사정관의 눈을 사로잡는 자기소개서를 써야 목표하는 대학에 합격할 확률이 높아지겠죠. 입학사정관들은 하루에도 수십 수백 명의 지원자들이 작성한 자기소개서를 봅니다. 수많은 자기소개서를 읽어야 하는 탓에 모든 자기소개서를 한 줄 한 줄 꼼꼼히 읽어나가긴 어렵겠죠. 때문에 자기소개서의 서두에 요지가 담겨 있지 않으면 그 자기소개서는 입학사정관의 눈에 띄기 힘듭니다.

미괄식 글과 두괄식 글의 차이를 알아볼까요. 다음 글은 미괄식으로 구성한 자기소개서의 예시입니다.

저는 수학 시간에 당연하다고 여기고 지나간 것들을 다시 한 번 되짚어보고자 수학탐구대회에 참여했습니다. 대회에 준비하기 위해 미적분2 교과서의 자연로그 파트를 다시 읽어보던 중이었습니다. 교과서에서는 단지 자연로그의 정의만이 다뤄지고 있었습니다. 이전에는 '이런 로그도 있구나.'라고 여기며 무심코 이 부분을 넘어갔었습니다. 그런데 이번에는 '왜 자연로그가 생겨났을까?'라는 의문이 생겼습니다. 상용로그는 계산의 편리를 위해 만들어졌다는 사실을 알고 있었지만 자연로그는 이해가 가지 않았습니다. 그래서 DBpia에서 '역사 발생적 원리에 따른 로그 단원의 지도에 관한 연구' 논문을 찾아보고 지식백과사전을 읽어보며 자연로그의 발명 배경을 조사했습니다. 자리가 큰 수를 다루어야 하는 천문학과 같은 분야에서 계산의 오차를 줄이기 위해 자연로그를 사용하기 시작했다는 사실을 알게 되었습니다. 이렇게 조사한 결과를 토대로 'Log-상용로그에서 자연로그까지'라는 제목으로 보고서를 작성했습니다. 이 조사를 하며 다른 수학 개념의 역사에도 궁금증이 생기기 시작했습니다. 그래서 무리수 e의 역사나, 미분을 두고 갈등한 뉴턴과 라이프니츠의 일화 등을 추가적으로 찾아보기도 했습니다. <u>이 경험을 통해 수학에 대한 흥미를 더욱 높일 수 있었습니다. 무엇보다도 수학 개념과 수학사를 관련지어 공부하면 개념을 더 깊이 있게 이해할 수 있음을 깨달았습니다.</u>

어떤가요? 동기와 과정을 먼저 설명하느라 결론에 도달하기까지 확실히 오래 걸리는 느낌입니다. 이 글을 두괄식으로 구성해보면 다음과 같습니다.

<u>수학탐구대회를 준비하며 수학 개념과 수학사를 연결 지어 공부할 때 개념을 깊이 이해할 수 있음을 느꼈습니다.</u> 수학 시간에 당연하다고 여기고 지나간 것들을 다시 한 번 되짚어보고자 이 대회에 참여했습니다. 대회에 준

비하기 위해 미적분2 교과서의 자연로그 파트를 다시 읽어보던 중이었습니다. 교과서에서는 단지 자연로그의 정의만이 다뤄지고 있었습니다. 이전에는 '이런 로그도 있구나'라고 여기며 무심코 이 부분을 넘어갔었습니다. 그런데 이번에는 '왜 자연로그가 생겨났을까?'라는 의문이 생겼습니다. 상용로그는 계산의 편리를 위해 만들어졌다는 사실을 알고 있었지만 자연로그는 이해가 가지 않았습니다. 그래서 DBpia에서 '역사 발생적 원리에 따른 로그 단원의 지도에 관한 연구' 논문을 찾아보고 지식백과사전을 읽어보며 자연로그의 발명 배경을 조사했습니다. 자리가 큰 수를 다루어야 하는 천문학과 같은 분야에서 계산의 오차를 줄이기 위해 자연로그를 사용하기 시작했다는 사실을 알게 되었습니다. 이렇게 조사한 결과를 토대로 'Log-상용로그에서 자연로그까지'라는 제목으로 보고서를 작성했습니다. 이 조사를 하며 다른 수학 개념의 역사에도 궁금증이 생기기 시작했습니다. 그래서 무리수 e의 역사나, 미분을 두고 갈등한 뉴턴과 라이프니츠의 일화 등을 추가적으로 찾아보기도 했습니다. 이 경험을 통해 수학에 대한 흥미를 더욱 높일 수 있었습니다. 무엇보다도 수학 개념과 수학사를 관련지어 공부하면 개념을 더 깊이 있게 이해할 수 있음을 깨달았습니다.

입학사정관에게 깊은 인상을 남기려면 반드시 두괄식으로 글을 구성하세요. 글의 핵심 내용을 문단의 첫머리에 위치시키면 하고자 하는 이야기를 독자에게 더욱 명확하게 전달할 수 있습니다. 아울러 가독성이 높아져 글도 술술 읽힐 것입니다.

경어체를 사용하라

한자 뜻을 풀어보면 경어란 존경할 경(敬), 말씀 어(語), 즉 존경이 담긴 말을 뜻합니다. 높임말 또는 존댓말이라고도 합니다. 경어체란 이러한 경어를 사용하는 어투로서, '-입니다', '-습니다'와 같은 방식으로 쓰인 문장 양식을 말합니다. 자기소개서를 쓸 때 경어체를 사용하면 겸손한 느낌을 줄 수 있습니다. 따라서 되도록 경어체를 사용하는 걸 추천합니다.

서양식 수동·피동 표현에서 벗어나라

과도한 수동·피동 표현을 삼갑시다. 영미권에서 주로 사용하는 수동·피동 표현이 국어에도 많이 스며들었습니다. 그래서 자기소개서를 쓰는 많은 학생들이 본인도 모르게 이러한 실수를 저지릅니다. 그러나 이는 잘못된 표현으로, 우리

말의 자연스러움을 해칩니다.

예시와 함께 살펴봅시다.

> 창의적 특색 활동 시간에 진행한 '우리나라 교육과 핀란드 교육의 비교연구'
> 활동은 우리나라 교육의 바람직한 발전 방향에 대해 <u>고민하게 만들었습니다.</u>

이와 같이 '나'가 아니라 '내가 한 활동'이 문장의 주체가 되는 경우가 대표적인
실수 사례입니다. 올바른 표현으로 바꾸면 다음과 같습니다.

> 저는 창의적 특색 활동 시간에 '우리나라 교육과 핀란드 교육의 비교연구'를
> 진행하면서 우리나라 교육의 바람직한 발전 방향에 대해 <u>고민했습니다.</u>

이렇게 바꾸면 문법적으로 훨씬 자연스러워집니다. 또한 문장이 더욱 간결하고
힘 있어집니다.

이중피동 표현을 피하라

이중피동 표현에 주의합시다. 이중피동이란 피동이 이중으로 실현된 것을 의미합니다. '되어지다', '쓰여지다', '보여지다' 등이 그 예입니다. 이중피동 표현은 한글 체계에 어긋나는 표현으로 삼가야 합니다.

수업 시간에 피동 표현에 대해 배운 내용이 기억나나요? 피동사를 만드는 방법에는 두 가지가 있습니다. 바로 단형 피동과 장형 피동입니다. 단형 피동은 말 그대로 짧습니다. 동사의 어간에 피동 접사 '이', '히', '리', '기'를 붙여 만듭니다. '보다'를 '보이다'로, '밟다'를 '밟히다'로 만드는 식입니다. 장형 피동은 말 그대로 단어의 길이가 긴 편입니다. 장형 피동은 동사에 '-어(아)지다', '-게 되다'의 보조동사를 붙여 만듭니다. '뒤집다'를 '뒤집어지다'로, '물다'를 '물게 되다'로 만들 수 있습니다.

이중피동은 단형 피동에 '-어(아)지다'의 보조동사가 또 붙은 겁니다. '놓여지다', '불려지다'처럼 말입니다. 우리는 일상생활에서 이중피동 표현을 은근히 많이 사용합니다. 피동 개념 자체가 헷갈리는 부분이 많아서 그렇습니다. 그러니 자기소개서를 쓸 때 항상 이중피동에 조심해야 합니다.

잘못 사용하고 있는 대표적인 피동 사례는 다음과 같습니다. 자기소개서를 쓸 때 이런 표현이 있는지 확인하고 수정해보세요.

X	O
되어지다	되다
쓰여지다	쓰이다
보여지다	보이다
놓여지다	놓이다
불려지다	불리다

수학 실수 원천봉쇄 TIP6

수학 시험에서 실수 때문에 점수가 떨어져본 학생들이 많을 것입니다. 저도 내신이나 모의고사에서 실수 때문에 골치 아팠던 적이 있었습니다. 하지만 실수를 극복하는 여러 방법을 시도해보면서 실수를 원천봉쇄하는 몇 가지 방법을 고안했습니다. 실제로 제가 공부할 때 사용한 방법들이기 때문에 효과는 보장할 수 있습니다. 지금부터 그 방법들을 소개합니다.

TIP1 실수 노트 만들기

실수를 모두 정리해서 노트를 만들고 복습하면 실수의 90% 이상이 해결됩니다. 저는 이걸 실수 노트라고 부릅니다. '실수 저장소'라고 생각하면 좋습니다.

나의 모든 실수를 이 노트에 기록하는 것입니다.

실수에도 여러 이유가 있습니다. ① 개념을 착각해서일 수도 있고 ② 유형별 접근법을 잘못 떠올려서일 수도 있으며 ③ 계산 실수를 했을 수도 있습니다.

예를 들면 저는 16/9를 4/3으로 잘못 약분할 때가 많았습니다. 말도 안 되는 실수죠. 이런 실수들을 노트에 써놓는 것입니다. 그리고 2주에 한 번씩 복습하고, 시험이 가까워지면 매일 정독합니다. 그러면 시험에서 해당 내용이 나왔을 때 굉장히 침착해집니다. '오, ○○가 나왔네. 나는 △△라고 해서 자주 실수했는데 실은 □□하게 풀어야 맞는 거지!'라는 생각이 퍼뜩 듭니다. '의식적으로' 이런 사고과정을 거치면서 자연스럽게 실수를 안 하게 됩니다.

본인이 실수를 100번 한다고 해도 패턴으로는 10개도 채 되지 않습니다. 정해진 패턴으로 반복해서 실수하는 것입니다. 그래서 실수를 적어놓는 게 굉장히 유용합니다. 노트에는 간단히만 정리하면 됩니다.

① 개념을 착각해서 틀렸을 경우: '○○개념을 △△라고 생각해서 틀렸다. □□

로 접근해야 한다.'

② 유형별 접근법을 오해해서 틀렸을 경우: 'ㅇㅇ유형은 ㅁㅁ하게 풀어야 한다.'

③ 계산 실수의 경우: '16/9는 4/3 이 아니다. 루트를 씌워야 4/3이 된다.'

이런 식으로 간략히 적으면 됩니다.

공부를 잘하는 학생들은 정말 많은 문제를 풀면서 자연스럽게 실수를 극복하기
도 합니다. 그러나 이 방법이 더 확실하고 효율적입니다. 귀찮지만 실수를 방지
하기 위해 꼭 거쳐야 하는 작업입니다.

참고로 실수 노트는 오랫동안 내용을 축적하고 봐야 하기 때문에 하드커버로
된 고급스러운 노트에 작성하는 걸 추천합니다. 게다가 좋은 노트를 쓰면 애착
도 생기고 자꾸 보고 싶어지더라고요.

주의할 점은 시험 난이도가 항상 비슷하지는 않다는 것입니다. 중간 때 어려우면 기말 때 쉬울 수 있고, 그 반대일 수도 있습니다. '모든 과목 시험을 만반의 준비 상태에서 치를 것이지만, 이번에 어려웠던 과목은 좀 더 주의를 기울여서 열심히 공부해야겠다!'라고 다짐하는 것이 바람직합니다. 쉬웠다고 무시하다 큰코다칠 수 있습니다.

TIP 2 한 번 풀 때 제대로 풀기

문제를 풀 때 처음부터 집중해서 푸세요. 특히 쉬운 문제일수록 더 집중해서 풀어야 합니다. '이건 당연히 이렇게 푸는 거지' 하면서 대충 풀고 '나중에 돌아와서 검토하면 되겠지'라고 생각하는 건 매우 위험합니다. 검토를 안 하더라도 아는 문제는 확실히 맞히자는 각오로 한 문제 한 문제 처음부터 제대로 푸세요. 생각지도 못한 어이없는 실수를 방지하는 중요한 방법입니다.

TIP 3 풀이 과정은 깔끔하게 쓰기

풀이 과정은 깔끔하게 쓰세요. 먼저 누구나 본인의 글씨를 알아볼 수 있도록 반듯하게 글씨를 쓰는 연습을 하세요. 특히 본인이 식을 써놓고 잘못 알아봐서 틀린 적이 있다면 더더욱 중요합니다.

그리고 풀이 과정을 사선으로 쓰지 마세요. 꼭 한 줄 한 줄 앞에 붙여서 쓰세요. 풀이 과정을 사선으로 작성하면 풀이 과정이 길어졌을 때 헷갈립니다. 그러면 실수를 할 가능성이 높아집니다.

마지막으로 풀이 공간을 충분히 확보하여 여유 있게 풀이 과정을 쓰는 연습을 하세요. 풀이할 수 있는 공간의 크기는 생각의 크기와 비례합니다. 풀이 공간이 좁으면 글씨를 불편하게 써야 하므로 문제 풀이에 온전히 집중하기가 어렵습니다.

평소에 문제를 풀 때 문제 풀이용 노트를 따로 구비해서 거기에 문제 푸는 습관을 들이세요. 1줄 만에 풀이를 완성하는 경우도 있지만 2페이지를 꽉 채워도 문제가 풀리지 않는 경우도 있을 것입니다. 그러므로 충분히 넓은 풀이 공간을 사용해서 사고에 제한받지 않고 문제를 푸는 연습을 하세요. 실제로 시험을 볼 때도 시험지의 맨 뒤 커버나 A4 용지 등 활용할 수 있는 것들은 최대한 활용해서 문제를 풀 수 있는 충분한 공간을 마련하는 게 좋습니다.

나쁜 예

$$\lim_{x \to 0} f(x) \cdot g(x) = f(a) \cdot g(a)$$
$$(a+3)(-a-7) = (a^2-a)(-a-7)$$
$$-a^2-10a-21 = -a^3-6a^2+7a$$
$$a^3+5a^2-17a-21 = 0$$
$$\therefore \alpha\beta\gamma = 21$$

좋은 예

$$\lim_{x \to a} f(x) \cdot g(x) = f(a) \cdot g(a)$$
$$(a+3)(-a-7) = (a^2-a)(-a-7)$$
$$-a^2-10a-21 = -a^3-6a^2+7a$$
$$a^3+5a^2-17a-21 = 0$$
$$\therefore \alpha\beta\gamma = 21$$

TIP 4 조건과 구하는 것에 표시하기

문제의 조건과 구하는 것에 눈에 띄게 표시하세요. 많은 학생들이 문제 자체를

제대로 읽지 않습니다. 예를 들면 미지수 a, b가 나왔을 때 무작정 a, b 값을

구하려고 애를 씁니다. 문제에서 구하라는 것이 a와 b의 합인지 곱인지도 정확

하게 파악하지 않고요. 문제를 덜 읽어서 또는 잘못 읽어서 틀리는 일을 방지하

기 위해서는 '조건', '구하는 것' 2가지를 눈에 띄게 표시하는 것이 매우 효과적

입니다.

저의 경우 주어진 조건에는 동그라미를 치고 최종적으로 구하는 것에 세모를
쳤습니다. 도형은 본인에게 편한 걸로 자유롭게 정하면 됩니다. 언뜻 보면 그림
놀이 같아서 유치하게 느껴질 것입니다. 하지만 이 단순한 방법이 문제를 꼼꼼
히 읽어내는 데 큰 도움을 줍니다. 문제의 조건과 구하는 것에 꼭 표시하세요.

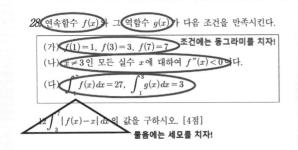

TIP 5 검토는 필수

문제를 풀고 나서 반드시 검토를 하세요. 검토만 제대로 해도 최대 2~3문제까
지 더 맞힐 수 있습니다. 문제를 막 풀 때는 보이지 않았던 실수들이 문제를 다
푼 후 검토하는 과정에서 발견되는 경우가 많습니다.

문제 하나하나 제대로 푸는 것이 가장 중요하지만, 남는 시간에 푼 문제들을 검

토하는 것도 아주 중요합니다. 시험 문제를 한 번 다 풀고 나서 적어도 2~3분 이상은 꼭 검토하는 데 시간을 투자하기 바랍니다. 이때 풀이 과정을 반듯하게 써놓았다면 검토할 때 큰 도움이 됩니다. 한눈에 흐름이 보이니 제대로 풀었는지 안 풀었는지 쉽게 판단할 수 있기 때문입니다.

TIP 6 암산보다 손

암산보다 손을 이용해 계산하세요. 실수를 많이 줄일 수 있습니다. 암산으로도 많은 계산을 할 수 있음을 친구들에게 과시하고 싶을 때 학생들이 암산을 많이 합니다. 하지만 암산은 실수로 가는 지름길입니다. 암산을 자주 이용하면 계산 과정에서 잘못된 걸 생각했거나 잘못 계산할 경우가 늘어납니다. 암산은 줄이고 최대한 손을 사용하여 계산하는 것이 실수를 극복하는 데 도움이 됩니다.

완벽
마무리 가이드

Practice 14 입학사정관 입장에서 검토하기

Practice 15 디테일을 완성하는 4원칙

- - - - - - - - - - - -

드디어 최종 점검 시간입니다.

자기소개서를 확실히 마무리 짓기 위해서는 먼저 입학사정관의 눈으로

자기소개서를 날카롭게 평가해야 합니다.

자기소개서의 디테일을 완성하는 4가지 원칙도 함께 알아봅시다.

- - - - - - - - - - - -

입학사정관 입장에서 검토하기

대학 합격의 당락은 결국 '입학사정관'이 좌우합니다. 입학사정관의 눈으로 자기소개서를 냉철하게 뜯어볼 필요가 있습니다. 자신이 쓴 글이기 때문에 자기도 모르게 글을 더 좋게 평가하고 있을 수 있습니다.

더 완성도 높은 자기소개서를 완성하기 위해 오늘 하루 동안만 입학사정관에 빙의해봅시다. 지금 눈앞에 수많은 학생들의 자기소개서가 놓여 있다고 상상해보세요. 71번째 자기소개서가 바로 눈앞에 있는 당신의 자기소개서입니다. 이 상황에서 본인의 자기소개서가 정말 눈에 띌지, 매력적일지 상상해봅시다.

입학사정관의 입장에서 바라보기 위해 꼭 체크해야 할 주요 포인트를 정리해보면 다음과 같습니다.

겸손하지만 자신 있게!

겸손하면서도 자신 있는 태도를 보여야 합니다. 많은 학생이 자신감을 드러내려다가 잘못해서 자만해 보이는 실수를 저지릅니다. 자신감과 자만심은 한 끗 차이지만 그 결과는 하늘과 땅 차이입니다. 겸손하면서도 자신 있는 태도를 보여주면 입학사정관들의 마음을 사로잡지만, 자만한 태도를 보이면 입학사정관에게 나쁜 인상을 주게 마련입니다. 자신감은 좋지만 너무 과하지 않도록 조심해야 합니다.

그렇다고 과하게 겸손할 필요도 없습니다. 성적이 낮거나 스펙이 별로 없어서 자신감이 없는 경우 자기소개서도 자조적으로 쓰는 경우가 있습니다. 그러면 더욱 마이너스가 될 뿐입니다. 과한 겸손은 자기비하로 느껴질 수 있습니다. 적당한 자신감은 필수입니다.

자신감! 겸손! 이 두 가지를 항상 명심하며 글을 수정합시다.

징징거리지 마라

징징거리는 글은 절대 쓰면 안 됩니다. 특히 기회균등전형으로 지원하는 학생들, 성적 하향세를 겪었던 학생들이 자기소개서에서 변명하는 경우를 종종 보곤 합니다. 그 시기에 집안 사정이 어려워서 공부에 집중할 수 없었다는 둥 한 등수 차이로 3등급이 되었다는 둥 변명도 다양합니다.

이런 변명은 구차하게만 느껴질 뿐입니다. 그런 내용을 자기소개서에 적는 건 금물입니다. '어려운 환경에서도 극복해내서 이러이러한 결과를 얻었다'는 좋은 흐름이지만 '어려운 환경이어서 이러이러한 일이 있었다. 내 잘못이 아니다'는 최악입니다.

변명 대신 주어진 여건에서 내가 꿈을 이루기 위해 어떤 노력을 해왔는지 진솔하게 쓰세요. 그게 최고의 자기소개서입니다.

논리적으로 서술하라

모든 주장에는 그에 합당한 근거가 있어야 합니다. 문장과 문장 간에 논리적인 연결고리가 존재해야 합니다. 글을 많이 써보지 않은 학생들은 본인도 모르게 비약을 하는 실수를 저지를 때가 있습니다.

논리적 비약은 아주 치명적인 문제입니다. 지원자의 사고력과 논리력을 의심하게 만들기 때문입니다. 그러니 본인의 자기소개서를 한 문장 한 문장 집중하여 읽어볼 필요가 있습니다. 글이 충분히 논리적인지 검토해봅시다.

누구나 이해할 수 있는 글을 써라

자신의 글을 다른 누군가가 읽었을 때도 쉽게 이해할 수 있어야 합니다. 읽고

본인만 이해할 수 있는 자기소개서는 좋은 자기소개서가 아닙니다. 입학사정관

이 보고 공감하고 이해할 수 있게 글을 쓰세요. 지원사에 대한 정보가 없는 사

람이라도 자기소개서를 읽고 충분히 이해할 수 있도록 만드는 글이 좋은 글입

니다.

디테일을 완성하는 4원칙

소리 내어 읽어보기

본인의 글을 낭독해봅시다. 글을 눈으로 읽을 때와 입으로 소리 내어 읽을 때 느낌은 정말 다릅니다. 내용을 눈으로만 훑을 때는 별 문제를 느끼지 못했던 부분이 소리를 내서 읽을 때는 어색하게 느껴지는 경우가 왕왕 있습니다. 낭독했을 때 너무 구구절절하게 느껴지거나 어색한 부분은 꼭 체크하고 말로 했을 때 자연스러운 표현으로 바꾸어봅시다.

제3자에게 자기소개서 평가받기

제3자에게 본인의 자기소개서를 봐달라고 합시다. 학교의 국어 선생님이나 글을 잘 아는 지인에게 부탁하세요. 이때 객관성을 유지할 수 있는 사람에게 부탁해야 합니다. 친구나 가족 등 너무 가까운 지인에게는 부탁하지 않는 것이 좋습니다. 왜냐하면 너무 친근한 사이인 경우 쓴소리하는 걸 기피하기 때문입니다. 그래서 냉철한 판단을 내리지 못할 수 있습니다.

자기소개서를 객관적으로 판단할 수 있는 전문가에게 첨삭을 부탁해보세요. 저는 고등학교 생활 내내 저와 좋은 관계를 유지해온 국어 선생님께 첨삭을 부탁드렸습니다. 국어 전공자이신 만큼 제 글의 부족한 부분들을 확실히 짚어주셔서 정말 큰 도움을 받았습니다. 자기소개서의 완성도를 결정하는 큰 부분이 바로 '제3자의 검토'라고 생각합니다.

맞춤법 검사하기

맞춤법 검사는 인터넷상의 맞춤법 검사기를 사용해 진행합니다. 포털 사이트에 '맞춤법 검사기'라고 검색하면 수많은 맞춤법 검사기 사이트가 뜹니다. 어떤 곳을 이용해도 큰 상관은 없습니다. 개인적으로는 '한국어 맞춤법/문법 검사기'를 즐겨 사용했습니다. 어색하거나 잘못된 표현을 가장 적확한 표현으로 바꿔준다는 느낌을 받았습니다.

맞춤법 검사기를 사용하려면 다음의 사이트(http://speller.cs.pusan.ac.kr)에

접속하세요.

본인의 자기소개서 내용을 복사한 후 빈 공간에 붙여넣기 합니다. 이후 '검사하

기' 버튼을 누릅니다.

그러면 다음과 같이 교정 내용이 상세히 나옵니다.

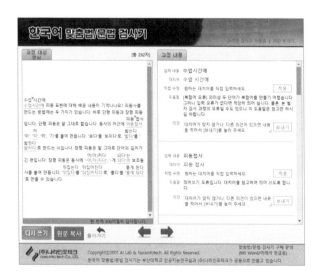

검사해보면 맞춤법이 틀린 표현이 생각보다 많다는 사실을 알 수 있을 것입니다. 반드시 맞춤법을 검사해서 올바른 표현으로 수정하기를 바랍니다.

유사도 검사하기

본인의 글이 혹여 다른 사람의 글을 표절하지 않았는지 체크합시다. 표절 문제는 정말 주의해야 합니다. 본인이 의도했든 의도하지 않았든 타인의 글과 일정 정도 이상 일치하면 표절입니다. 글을 아무리 잘 썼어도 표절로 판단되면 자기소개서가 0점 처리되며, 즉시 불합격이 됩니다. 따라서 표절에 대한 경각심을 가질 필요가 있습니다.

표절을 방지하는 가장 확실한 방법은 '유사도 검사'를 하는 것입니다. 유사도 검사는 본인의 글이 인터넷상의 콘텐츠나 기타 문서와 비교했을 때 얼마나 유사한지를 검사하는 것입니다. 저는 '카피킬러'라는 표절검사 사이트(https://www.copykiller.com/)를 추천합니다. 표절 검사 사이트 중에서 가장 유명한 사이트입니다. 하루에 3건까지 무료로 유사도 검사를 할 수 있습니다.

본인의 글의 표절률을 확인하고, 10% 이상이라면 표절이라고 표시된 표현들을 수정해 표절률을 낮춥시다.

표절 검사 상세 결과					
문서표절율	전체문장	동일문장	의심문장	인용/출처	법령/성경
5%	46	0	3	1	0

알았습니다. 만약 실험결과의 오류에 아무런 의문을 품지 않았더라면 원하던 결과를 얻지 못했을 것입니다. 이 실험을 통해 실패에 좌절하지 않고 계속에서 파고드는 탐구의 자세를 배웠습니다. 전기분해 실험은 공학자가 지녀야할 탐구 정신을 일깨우준 값진 경험이었습니다. 아스피린을 직접 합성해보며 신약개발 연구원이라는 꿈에 한발짝 다가설 수 있었습니다. 화학 시간에 '아스피린과 살리실산의 관계'에 관한 글을 접했습니다. 이에 더 알고 싶어 인터넷 검색을 해보며 아스피린의 탄생 배경, 작용 원리 등 더 심도 있는 정보를 알게 되었습니다. 단순히 지식 습득의 수준에서 그치고 싶지 않았습니다. 목표가 의료용 약물을 개발하는 언젠곤 아스피린을 직접 합성하여 유기합성의 의미를 배우고 미래의 꿈을 체험하고 싶었습니다. 그리하여 아스피린을 직접 제조하기로 했습니다. 검색을

전교 1등의 필기법

소란TV에서 가장 많은 조회수를 기록한 콘텐츠 중 하나가 바로 필기법입니다.

그 짧은 수업 시간에 수업 내용을 따라가는 것도 벅찬데 형형색색의 펜으로 일

목요연하게 필기하는 친구들을 보면 정말 놀라지 않을 수 없습니다.

모든 학생이 그렇게 필기할 수는 없습니다. 저도 그렇게는 못 했습니다. 각자에

게 맞는 필기법은 따로 있으니 자신과 맞지 않는 필기법에 너무 목매지 말고 다

양하게 시도해보세요. 여기서 소개하는 저만의 필기법도 마찬가지입니다. 적절

히 참고해서 본인에게 최적화된 필기법을 만들어가시기 바랍니다.

수업 시간 필기는 샤프 하나로

많은 학생들이 여러 가지 색깔의 펜으로 화려하게 필기를 합니다. 저도 처음에는 그랬고요. 하지만 너무 많은 시간이 들고 한눈에 중요한 내용을 찾기도 어려워서 수업 시간에는 샤프로만 필기를 하기 시작했습니다. 덕분에 수업 내용에 좀 더 집중할 수 있었습니다.

N차 복습: 복습 차수마다 각기 다른 색으로 필기 추가

필기한 내용을 복습할 때 필기를 추가하면서 누적적으로 공부했습니다. 내가 모르는 부분, 헷갈리는 부분, 중요하다고 생각되는 부분은 검정색 볼펜으로 다시 표시했습니다.

1차 복습 이후에도 머리에 잘 들어오지 않는 내용이나 추가로 복습이 필요한 내용에 파란색 볼펜(2차), 빨간색 볼펜(3차), 형광펜(4차) 순으로 표시했습니다. 이렇게 필기하면 반복적으로 표시된 내용을 확인하면서 본인의 취약점을 파악하고 채워나갈 수 있습니다.

이 필기법의 유용한 점은 교과서 전반에 대한 내용 이해와 본인의 취약점을 보완하는 공부 두 가지 모두를 효과적으로 할 수 있다는 것입니다. 처음부터 알록

달록하게 필기를 해두면 복습할 때 그 부분만 눈에 들어오기 마련입니다. 하지만 내신에는 지엽적인 개념을 다루는 문제들도 왕왕 출제됩니다. 샤프와 검정색 볼펜으로 초기 필기를 해두면 복습할 때 전체적인 내용을 파악하는 데 방해가 되지 않아 전체 내용을 이해하기에 좋습니다. 아울러 2차, 3차 필기를 진행해나갈수록 본인의 부족한 부분이 알록달록해지기 때문에 본인의 취약점에 저절로 눈길이 가게 됩니다. 그리하여 해당 내용을 더욱 집중적으로 공부할 수 있게 됩니다.

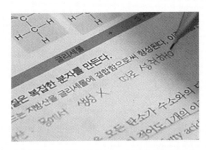

수업 시간 : 샤프

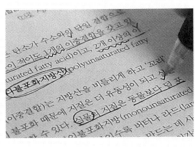

1차 복습 : 검정색 볼펜

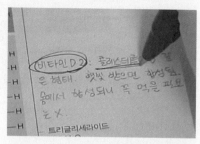

2차 복습 : 파란색 볼펜

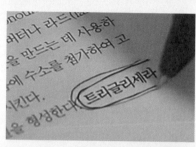

3차 복습 : 빨간색 볼펜

4차 복습 : 형광펜

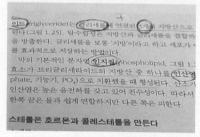

최종 결과물

부록 1

합격 자기소개서
문항별 분석

- - - - - - - - - - -

학생부종합전형 4관왕에 빛나는 저자의 합격 자기소개서를
문항별로 확인해보세요. 소재 선택의 이유와 그것을 풀어내는 방법까지
저자가 직접 해설한 내용을 참고한다면 설득력 있는 자기소개서를
완성할 수 있을 것입니다.

- - - - - - - - - - -

1. 고등학교 재학기간 중 학업에 기울인 노력과 학습 경험을 통해, 배우고 느낀 점을 중심으로 기술해 주시기 바랍니다. (띄어쓰기 포함 1,000자 이내)

지병을 앓고 계신 어머니와 가난한 가정환경 덕에 스스로 상황을 헤쳐 나가는 법을 배웠습니다. 사진작가의 꿈에서 비롯된 생태학에 대한 호기심을 충족하고자 고1 때부터 TED 생태강의를 시청했습니다. 이를 통해 생태학이 '사회와 과학을 연결하는 다리' 역할을 함을 배웠습니다. 사회, 과학 모두에 관심이 있던 저는 틈나는 대로 독서에 주력했습니다. 특히 생태학 고전 독서를 통해 '생태학자란 생명에 대한 사랑을 바탕으로 자연 속의 관계를 규명하는 과학자'임을 깨달았고, '생태학자'라는 비전은 공부에 강한 동기부여가 됐습니다. 그 후 생명과학 공부를 더 깊이 있게 하고자 힘썼고, 수업 시간 '질문 노트'를 활용하여 지식을 확장시켜나갔습니다. 수업 중 의문이 생기면 필기해놓고 하교 후 웹 검색으로 궁금증을 해결하는 활동이었습니다. 또한 서울여대 UP 일반생물학 수강은 "생명이란 물질대사라는 흐름 속에서 일정한 형태가 유지되는 분수" 같은 것임을 깨달은 소중한 경험이었습니다. 3학년 때는 '생물바로미터' 스터디를 통해 생물학 양서들을 읽으며 심도 있게 공부했습니다. 이처럼 저는 능동적으로 학습하며 불리한 학습 환경을 극복해왔습니다.

저는 생태학 특유의 활동성을 좋아해 '발로 뛰는 공부'를 해왔습니다. 가까운 아차산에서부터 멀리 안산과 인천의 습지, 파주 DMZ에 이르기까지 총 30회 이상을 탐사했습니다. 그 과정에서 택지개발로 인한 금개구리 절멸 사태, 간척사업으로 인한 철새 감소 등 급격한 산업화와 생태가치 인식 부족이 낳은 생태파괴 현장을 목격하면서 우리가 직면한 현실의 문제점을 생생히 깨달았습니다. 생태복원 전문가라는 담대한 꿈을 더욱 절실히 키워갔고, 문제해결을 위한 유능한 전문가로서 과학적 해결책을 도출해내기 위해 앞으로 더 깊이 있는 공부가 필요함을 절감했습니다. 저는 친환경사업으로 포장한 개발사업이 만연한 현실 속에서 사회적·미래지향적 생태복원을 이뤄내고 싶습니다. 이를 이루기 위해 반드시 요구되는 깊이 있는 공부와 함께 인문사회학적 공부에도 힘쓰고 싶습니다.

1번 문항에서는 생태탐사 자율동아리 활동, 생태학 고전 독서, TED 강의 시청을 중심으로 내용을 구성했습니다. 이 문항에서는 제가 그 누구보다도 산림과학부에 뜨거운 열정을 가지고 있음을 드러내고자 했습니다. 그래서 생태 분야에서 진행한 일련의 활동들을 언급하며, 이러한 활동들을 통해 '생태복원 전문가'라는 꿈을 가지게 되었다는 내용을 기술했습니다.

또한 '이 대학 이 학과 아니면 안 된다!'라는 느낌을 줄 수 있도록 절실하고 진정성 있게 글을 썼습니다. 수동적으로 내신, 수능 공부에만 주력한 것이 아니라 자기주도적으로 깊이 공부했음을 어필하기 위해 TED 생태학강의 시청, 고교 대학 연계 심화 과정 UP 일반생물학 수강, 수업 시간 '질문 노트' 작성 등 자발적으로 진행한 여러 활동들을 다루었습니다. 아울러 다양한 활동들을 유기적으로 연결시켜 학습이 점점 심화되고 확장되는 과정을 보여주려 노력했습니다.

2. 고등학교 재학기간 중 본인이 의미를 두고 노력했던 교내 활동(3개 이내)을 통해 배우고 느낀 점을 중심으로 기술해 주시기 바랍니다. 단, 교외 활동 중 학교장의 허락을 받고 참여한 활동은 포함됩니다. (띄어쓰기 포함 1,500자 이내)

2년간의 생태연구를 통해 '생태'와 '연구'를 바라보는 제 나름의 시각을 갖게 되었습니다. 외래식물이 급격히 증가하고 있다는 뉴스를 보고 문제의식을 가져 시작한 '생탐스' 활동을 통해 연구에 있어 열린 태도가 중요함을 느꼈습니다. 외래식물이 더 위해할 것이라는 기존 생각과 달리 토종식물의 위해성과 외래식물의 유용성까지도 알게 됐기 때문입니다. 또한 '금개구리 생태연구'는 처음으로 생물보호에 대한 의욕을 가지고 기획한 활동이었습니다. 조사 중 우리나라 생태문제의 심각성을 피부로 느낄 수 있었고, 연구범위를 제도까지 확장하는 과정에서 생태문제 해결을 위해서는 생태적 지식, 제도적 지지, 이해당사자들 간의 합의가 필요함을 깨달았습니다. 이로 인해 생태복원에 희망을 품었습니다. 3년간의 DMZ 탐사를 통해 자연이란 작은 변화에도 그에 맞는 반응을 일으킴을 배웠습니다. 적은 온도상승에도 개화시기가 앞당겨지고 철새이동양상이 변화하는 것을 보며 이를 느꼈습니다.

연구를 바탕으로 한 논문쓰기를 통해 연구와 논문에 필요한 논리성과 엄밀성을 배웠습니다. 첫 논문인 '생태계교란식물이 아차산에 미치는 영향'을 작성하면서 '결과'를 가지고 어떤 '결론'을 낼 것인지 고민하며 논리를 배웠습니다. 그러나 정밀한 측정의 중요성을 간과해 토양측정이 미흡했던 게 한계였습니다. DMZ 탐사를 바탕으로 한 '제비류의 영소지 선택 연구'는 부족한 점이었던 연구의 엄밀성을 보완했다는 데 의의가 있었습니다. 제비의 둥지 방문 횟수를 셀 때 정확한 방법으로 측정했고, 이러한 발전을 인정받아 서울대 생물교육과와 DMZ생태연구소에서 주관하는 청소년환경논문발표대회에서 우수상을 수상했습니다. 하지만 다양한 자료를 참고하지 못해 좁은 시야를 가지고 연구한 게 아쉬웠습니다. '금개구리 대체서식지 조성 모델 및 제도개선 연구' 시 선행논문, 과학전람회 자료를 참고하여 넓은 시야로 주제를 정하고자 노력했습니다. 그리하여 참신한 주제를 정했고 이런 점은 심사위원께도 호평을 이끌어냈습니다. 하지만 모델을 '개발'하는 게 진정한 연구목표가 될 수 있는가를 고민하며, 연구목표의 본질은 개발이나 설계 같은 '작업'보다 인류가 알지 못했던 새로운 지식의 '창출'에 있다는 생각을 했습니다.

내셔널트러스트 동아리 활동을 통해 시민으로서 사회참여의 중요성을 느꼈습니다. 내셔널트러스트 회원으로서 평소에도 온라인소식지 구독은 하고 있었지만, 학우들과 시민 활동 경험을 공유하면 좋겠다는 생각에 공식 동아리로 창설했습니다. 이면지노트 제작, 일감호예술제 생태퀴즈 등 다양한 활동을 했지만 그중에서도 가장 인상적이었던 것은 반딧불이자연학교 봉사였습니다. 모내기와 청소로 일손을 돕는 활동이었는데 머리 쓰는 활동이 아니라 단순히 육체적 노동만이 필요한 활동이었습니다. 그만큼 무척이나 힘들었지만 활동을 마치면 매우 보람찼습니다. 이를 통해 특별한 능력이 있든 없든 진정으로 사회에 참여하고자 하는 의지만 있다면 기여할 수 있다는 사실을 깨달았습니다. 시민으로서 사회에 관심을 가지고 사회발전을 위해 힘쓰자는 가치관을 기를 수 있었습니다.

2번 문항에서는 3차례의 소논문 작성 활동을 깊이 다루었습니다. 자율동아리 '생탐스'로서 생태계교란식물이 인근 산에 미치는 영향에 대한 소논문을 작성한 내용, 자율동아리 '금개구리 생태연구'에서 금개구리 대체서식지 모델을 연구한 내용, DMZ청소년탐사대원으로서 DMZ 일대에 서식하는 제비류의 생태를 조사한 내용을 다루었습니다.

여기서 중요한 점은 이러한 소논문 작성 활동을 따로따로 적은 게 아니라 '연구'라는 하나의 큰 주제 아래 각 활동을 서로 연결시켜 물 흐르듯이 자연스럽게 글을 구성한 것입니다. 가령 생태계교란식물에 대해 연구할 때 각 스팟에서 토양 측정을 동일한 방식으로 하지 않아 심사위원에게 엄밀성 측면에서 좋지 못한 평가를 받았습니다. 그래서 '앞으로는 변인 통제를 정확히 해야겠다'라고 다짐했고, 이후 제비류의 영소지 선택에 대해 연구할 때 엄밀한 방식으로 제비의 둥지 방문 횟수 데이터를 얻어냈습니다. 이런 식으로 한 활동에서 배우고 느낀 점을 다음 활동에 적용해 지식을 실천하고 확장시켜나가는 모습을 보여주었습니다.

보통 하나의 소재로 한 문단을 작성하는데, 저는 이런 방식으로 한 문단에 세 가지의 굵직한 활동을 모두 엮어 글을 작성했습니다. 그리하여 다양한 연구 활동에 참여했다는 저의 강점을 더욱 효과적으로 드러낼 수 있었습니다.

또한 하나의 활동에서 하나의 깨달음을 얻은 것이 아니라 2년에 걸쳐 진행한 여러 활동을 통해 지적으로 성장하는 모습을 보여줌으로써 진정으로 학문에 관심을 가지고 배우려는 태도를 가지고 있음을 보여주었습니다. 그리고 내셔널트 러스트 동아리를 창설하고 동아리 활동으로 반딧불이자연학교에서 일손을 도운 일을 적었습니다. 앞에서는 지적 호기심, 탐구 역량을 드러내는 데 집중했다면 이 부분에서는 사회 참여, 봉사 정신을 보여주는 데 집중했습니다.

2번 문항에서는 전공적합성과 전공 이외 분야에서의 적극성 두 가지를 균형 있게 드러내는 것이 중요합니다.

3. 학교생활 중 배려, 나눔, 협력, 갈등 관리 등을 실천한 사례를 들고, 그 과정을 통해 배우고 느낀 점을 기술해 주시기 바랍니다. (띄어쓰기 포함 1,000자 이내)

축구부 활동을 통해 노력의 정직함과 공동체정신을 배웠습니다. 평소 축구를 잘 해보지 않았지만 흥미가 생겨 도전했습니다. 수비형 미드필더를 맡은 저는 공격과 수비 모두를 도와주어야 했습니다. 특히 공격 시에는 숏패스로 공격을 돕는 능력이, 수비 시에는 공 걷어내기로 흐름을 끊는 능력이 중요했습니다. 숏패스는 아침연습으로도 충분할 만큼 빨리 익혔습니다. 그런데 공 걷어내기를 연습할 때는 아무리 노력해도 자꾸 땅볼이 되었습니다. 저는 이 결점을 보완해 팀에 피해를 주지 말아야겠다는 집념이 생겨, 방과 후에 축구부 친구와 공 걷어내기 연습을 한 달여간 했습니다. 공을 찰 때 공이 발등이 아닌 발끝에 맞는 것이 문제임을 깨달았고, 정확히 발등으로 공차는 연습을 했습니다. 결국 자유자재로 공을 걷어내어 팀의 수비력을 강화할 수 있었습니다. 이는 경기력의 향상으로 이어졌고, 저를 본 다른 선수들도 각자의 역할에 더 열심히 임해 전반적인 팀워크 또한 발전했습니다. 이 경험을 통해 우직한 노력은 나를 배신하지 않는다는 것과 협동심으로 뭉칠 때 진정한 '원팀'이 됨을 깨달았습니다.

합창대회 알토장 역할을 통해 배려와 나눔의 기쁨을 느꼈습니다. 평소 노래하는 것을 좋아하기에 알토장을 맡았습니다. 그런데 유난히 알토 음정이 까다로운 곡이었습니다. 알토 친구들은 부담을 느끼고 자신감을 잃었습니다. 저는 친구들이 음정을 정확히 이해할 수 있게 도와주면 자신감을 회복할 것이라 판단했습니다. 그래서 직접 노래를 녹음해 친구들에게 보내주었습니다. 또한 악보에 어려운 음을 표시해주고 그 부분의 연습을 집중 지도했습니다. 그 결과 친구들 모두 음을 잘 짚어내게 되었습니다. 이에 자신감을 가져 다른 파트와 조화를 이룰 수 있었습니다. 비록 대회 당일에는 피아노와 속도가 안 맞아 실수가 났습니다. 그러나 연습 때 얻은 당당함으로 생동감 있는 무대를 완성했고, 그 결과 인기상을 수상했습니다. 자신이 가진 능력을 남과 나누는 것, 상대를 배려하는 도움을 주는 것에서 진실한 기쁨을 느낄 수 있었습니다.

3번 문항은 학교생활 중 배려, 나눔, 협력, 갈등 관리 등을 실천한 사례를 들고 그를 통해 배우고 느낀 점을 적는 문항입니다. 따라서 이러한 덕목들을 최대한 모두 드러낼 수 있도록 다음과 같이 소재를 선정했습니다.

먼저 축구부에서 미드필더로 활동한 내용을 통해 '협동심'을 보여주려고 했습니다. 그리고 협동심을 가지고 노력할 때 팀의 능력과 단결력이 좋아진다는 깨달음을 얻었다는 사실도 강조했습니다. 사실 축구를 해본 경험이 별로 없어서 실력이 부족했는데 방과 후 꾸준히 연습하면서 실력을 쌓았고, 실제로 팀의 경기력도 전반적으로 향상하는 경험을 했습니다.

또한 교내 합창대회에서 알토장 역할을 맡아 '나눔과 배려의 정신'을 배웠다는 사실도 기술했습니다. 직접 노래를 녹음해 보내주고, 악보에 어려운 음을 표시해주는 등 사소한 부분에도 신경 써서 친구들을 도운 경험을 다루었습니다. 이를 통해 본인이 가진 능력을 타인에게 베푸는 것, 상대에게 도움을 줄 때도 배려가 중요하다는 것을 느꼈다고 서술했습니다.

4-1. [자율문항] 〈서울대〉 고등학교 재학기간 또는 최근 3년간 읽었던 책 중 자신에게 가장 큰 영향을 준 책을 3권 이내로 선정하고 그 이유를 기술하여 주십시오. ('선정 이유'는 각 도서별로 띄어쓰기를 포함하여 500자 이내로 작성. '선정 이유'는 단순한 내용 요약이나 감상이 아니라, 읽게 된 계기, 책에 대한 평가, 자신에게 준 영향을 중심으로 기술)

선정 도서: 희망의 자연

저자/역자: 제인 구달, 세인 메이너드, 게일 허드슨 / 김지선

출판사: 사이언스북스

선정 이유: 생태복원에 대한 꿈은 생겼으나, 이미 심각하게 망가진 생태계가 완벽히 회복될 수 있을까 하는 회의감에 우울하던 때가 있었습니다. 그때 존경하는 동물학자인 제인 구달 선생님이 쓰신 책들을 찾아보던 중 이 책을 알게 되어 읽었습니다. 최신의 과학 지식과 자연의 회복력, 불굴의 인간 정신이 있다면 아직 희망이 있다는 메시지를 보는 순간 저는 머리를 한 대 얻어맞은 느낌이 들었습니다. 그만큼 이 책은 저의 걱정과 막막함에 대해서 강력한 해답을 준 책입니다. 이를 통해 생태복원에 대한 소망과 의지

를 더욱 확고히 다지게 되었습니다. 또한 세계 각지에서 멸종 위기에 놓인 생물들을 되살리기 위해서 다른 이들의 방해에도 불구하고 꿋꿋이 일생을 바쳐 헌신하신 분들의 다양한 활동들을 보며 큰 감동과 용기를 얻을 수 있었습니다. 이분들과 같이 저도 기후변화에 대한 해결, 생물다양성의 보전, 산림의 보호를 위해서 생태복원 및 연구 활동에 제대로 인생을 바쳐봐야겠다는 진심어린 의지를 다질 수 있었습니다.

선정 도서: 사랑의 기술

저자/역자: 에리히 프롬 / 황문수

출판사: 문예출판사

선정 이유: 사랑에 대한 배움을 얻고자 이 책을 읽었습니다. 저는 '사랑'이라는 개념을 깊이 고민해본 적이 없어서 대중매체에서 접하는 남녀 간의 사랑만을 떠올릴 뿐이었습니다. 그러나 이 책을 읽으며 성숙한 사랑이란 달콤한 휴식처와 같은 개념이 아니라 '존중, 책임, 겸손'의 태도로 함께 성장하는 것임을 알 수 있었습니다. 또한 받기보다 주는 것이 사랑이며, 주는 행위를 통해 능동성과 활동성에서 오는 행복을 누릴 수 있음을 깨달았습니

다. 책을 다 읽은 후 내가 살아온 삶의 태도엔 과연 사랑이 있었는가를 반추하였습니다. 내가 사랑한다고 말해왔던 대상들에게도 있는 그대로 존중해 주지 않고 내 뜻대로 바꾸려 애썼던 제 모습을 떠올릴 수 있었습니다. 그리고 항상 주기보다 받기만을 좋아했던 미성숙한 면 또한 상기할 수 있었습니다. 따라서 저의 삶의 태도에 대해서 반성했고, 앞으로는 상대와 나의 다른 점을 있는 그대로 이해할 수 있는 포용의 태도와 주는 것을 기뻐하는 성숙함을 가져야겠다는 마음을 먹었습니다.

선정 도서: 불평등의 대가

저자/역자: 조지프 스티글리츠 / 이순희

출판사: 열린책들

선정 이유: 평소 사회에 대해 궁금한 게 많던 저는 불평등에 관심을 가져 이 책을 읽었습니다. 이 책을 통해 상위 계층에게만 유리하게 작용하는 경제와 정치 시스템으로 인해 불평등이 심화되고 있음을 알게 되었습니다. 이 책이 주로 다루는 국가는 미국이지만 우리나라 또한 재벌이 국내 경제를 좌우한다는 사실과 불평등이 국가적 문제로 대두되고 있는 현실을 볼

때 크게 상황이 다르지 않음을 느꼈습니다. 우리 사회의 불평등문제에 대해 심각한 문제의식을 가지게 되었고, 이와 같은 사회적 문제들에 잘 대처하기 위해선 먼저 사회에 대한 깊이 있는 이해가 필요함을 느꼈습니다. 일상적인 활동이나 공부에 있어서도 사회학적 이해를 하는 데 힘쓰는 것이 중요함을 깨달아, 사회에 암묵적으로 존재하는 불평등, 차별 등의 문제에 대해 비판적이고 깨어 있는 삶을 살자고 마음먹었습니다. 이러한 다짐은 내셔널트러스트와 국제시민연대 Avaaz 회원으로서 환경, 국제 문제에 대한 홍보 및 서명운동에 지속적으로 참여하는 계기가 되었습니다.

4-2. [자율문항] 〈고려대〉 해당 모집단위 지원동기를 포함하여 고려대학교가 지원자를 선발해야 하는 이유를 기술해 주시기 바랍니다. (1,000자)

제 목표는 생태복원 전문가가 되는 것입니다. 이 목표를 이루는 과정에서 고려대학교 환경생태공학부는 제게 가장 필요한 배움의 환경을 제공해줄 것을 확신하기에 지원했습니다. 생태학을 기반으로 환경문제 해결을 추구하는 학과의 철학은 제가 공부 과정에서 얻은 환경문제에 대한 깨달음과 맥을 같이합니다.

저는 목표에 대한 열정으로 끊임없이 도전해왔습니다. 2년간의 생태연구를 통해 생태문제 해결의 시급성과 바람직한 연구태도에 대해 깨달았고, 내셔널트러스트 활동을 통해 사회에 대한 깊이 있는 이해의 중요성을 느낄 수 있었습니다. 뿐만 아니라 저는 TED 생태강의 수강과 독서 활동을 통해서도 더욱 성장할 수 있었습니다. TED 강의를 들으며 드론을 이용한 생태보호, 폐휴대폰으로 열대우림 살리기 등 생태학이 다양한 학문들과 상호 협력하며 발전한다는 사실을 깨달았습니다. 또한 생태 분야에 종사하는 강연자들이 보여준 자신의 일에 대한 신념을 접하며 생태학자로서의 삶에 대해 진지하게 고찰하게 되었고, 단순한 직업의 개념 이상으로 사랑과 생명존중, 다양성의 공존이라는 제 삶의 가치를 실현시킬 수 있는 최선의 삶임을 확신할 수 있었습니다. 아울러 폭넓고 깊이 있는 독서를 통해 학문적·인격적으로 골고루 발전할 수 있었습니다. '희망의 자연(제인 구달 외)'을 읽고 생태복원에 대한 의지를 확고히 다지게 되었습니다. 그리고 '불평등의 대가(조지프 스티글리츠)'를 읽으며 비판적이고 깨어 있는 삶을 살자고 마음먹었고, 이는 내셔널트러스트와 국제시민연대 Avaaz 회원으로서 환경, 국제문제에 대한 홍보 및 서명운동에 지속적으로 참여하는 계기가 되었습니다.

이러한 활동들을 하며 저는 고려대학교 환경생태공학부에서 수학할 만한 자격을 갖춘 인재가 되고자 항상 노력했고 이젠 그만큼 갖춰졌다는 근거 있는 자신감이 생겼습니다. 저의 확고한 목표를 가장 잘 이루어낼 수 있는 고려대학교에서 제 환경문제에 대한 소명감, 사회·과학 융합 역량, 탐구열정을 더욱 불태워 고려대학교의 자랑이 될 만한 열정을 보여드리겠습니다.

4-3. [자율문항] 〈KAIST〉 위 문항 외에 추가적으로 작성하고 싶은 내용을 자유롭게 기술해 주시기 바랍니다. (작성 예: KAIST 지원동기 또는 이유/인문학적 소양을 갖추기 위한 노력이나 경험/지원자의 환경(가정, 학교)이 본인에게 미친 영향이나 역경 극복 사례 등) (1,500자)

제 목표는 생태복원 전문가가 되는 것입니다. 이 목표를 이루는 과정에서

KAIST는 제게 가장 필요한 배움의 환경을 제공해줄 것을 확신하기에 지원했습니다. KAIST만의 무학과 입학제도와 여러 국제교류 프로그램을 통해 다양한 학문들을 자유롭게 수학하며, 생태문제 해결을 더 넓게 바라보는 안목을 기를 수 있기 때문입니다.

저는 목표에 대한 열정을 원동력으로 끊임없이 도전해왔습니다. 2년간의 생태연구를 통해 생태문제 해결의 시급성과 바람직한 연구태도에 대해 깨달았고, 내셔널트러스트 활동을 통해 사회에 대한 깊이 있는 이해의 중요성을 느낄 수 있었습니다. 뿐만 아니라 저는 TED 생태강의 수강과 독서를 통해서도 더욱 성장할 수 있었습니다. TED 강의를 들으며 드론을 이용한 생태보호, 폐휴대폰으로 열대우림 살리기 등 생태학이 다양한 학문들과 상호협력하며 발전한다는 사실을 깨달았습니다. 또한 생태 분야에 종사하는 강연자들이 보여준 자신의 일에 대한 신념을 접하며 생태학자란 단순한 직업의 개념 이상으로 사랑과 생명존중, 다양성의 공존이라는 제 삶의 가치를 실현할 수 있는 최선의 삶임을 확신하게 되었습니다. 아울러 깊이 있는 독서를 통해 전인적으로 발전할 수 있었습니다. 특히 '희망의 자연(제인 구달 외)'을 읽고 생태복원에 대한 의지를 확고히 다지게 되었고 '사랑의 기술

(에리히 프롬)'을 읽고 상대와 나와의 다른 점을 있는 그대로 이해할 수 있는 포용의 태도를 배웠습니다.

제가 주로 활동한 분야는 생명과학 분야지만 사회, 사진에 대한 공부 또한 즐기며 인문적 소양을 길렀습니다. '불평등의 대가(조지프 스티글리츠)'는 사회에 대한 깊이 있는 이해와 적극적인 참여의 중요성을 깨닫게 해준 의미 있는 독서 경험이었습니다. 이를 계기로 내셔널트러스트 회원으로서 기부를 시작했고, 결국 2학년 땐 학교동아리로 창설하여 학우들에게 자연·문화유산 보호의 중요성을 알리는 활동을 했습니다. 국제시민연대 Avaaz의 회원으로 환경, 국제문제에 대한 서명운동에도 참여하고 있는데, 이러한 활동은 사회를 비판적 시각으로 이해하는 데 많은 도움을 주었습니다. 사진은 제가 어릴 때부터 좋아하던 분야인데 학교생활 중 틈틈이 출사를 나가며 예술적 가치를 삶에서 놓치지 않았습니다. 온라인 사진강의까지 들으며 사진에 대한 깊이 있는 공부를 하고자 노력했습니다. 청소년문예대제전 사진 부문 동상을 수상하기도 했던 저는 내셔널지오그래픽 공모전 등 각종 대회에 사진을 출품하기도 했고, 결국 교내 환경사진 공모전 금상 수상의 기쁨을 맛보기도 했습니다.

이렇게 전공은 물론 인문적 분야까지 폭넓게 공부하며 KAIST에서 수학할 만한 자격을 갖춘 인재가 되고자 항상 노력했고, 이젠 그만큼 갖춰졌다는 근거 있는 자신감이 생겼습니다. 저의 확고한 목표를 가장 잘 이루어낼 수 있는 KAIST에서 저의 특징인 '노력의 끝판왕' 정신, 지식탐구에 대한 순수한 즐거움, 인류애를 바탕으로 한 환경보호에의 의지, 사회와 예술에 관심을 갖는 인문적 소양을 불태워서 인품과 실력을 겸비한 인재로 성장해나갈 것임을 약속드립니다.

4-4. [자율문항] 〈POSTECH〉 자신에 대해 좀 더 소개하고 싶은 내용(지원동기, 자신의 성격적 장단점, 재능 및 특기, 경험 등)이 있다면 자유롭게 기술해 주시기 바랍니다. (1,000자)

제 목표는 우리나라의 생태복원 전문가가 되는 것입니다. 이 목표를 이루는 과정에서 POSTECH은 제게 가장 필요한 배움의 환경을 제공해줄 것을 확신하기에 지원하였습니다. POSTECH만의 STC 프로그램과 여러 국제화 프로그램을 통해 다양한 학문들을 자유롭게 수학하며, 생태문제 해결에 대해 더 넓게 바라보는 안목을 기를 수 있기 때문입니다.

제가 주로 활동한 분야는 생명과학 분야지만 사회, 사진에 대한 공부 또한 즐기며 인문적 소양을 길렀습니다. 사회에 흥미가 있던 저는 '불평등의 대가(조지프 스티글리츠)' 등을 읽으며 사회에 대해 제대로 알고자 노력했습니다. 책을 읽는 중에 불평등, 차별, 편견 등 우리가 살아가는 사회에 내재된 여러 사회적 문제를 접했고 이를 해결하기 위해선 적극적으로 사회에 참여하는 것이 중요함을 깨달았습니다. 이를 계기로 내셔널트러스트 회원으로서 기부를 하고, 결국 2학년 땐 학교동아리로 창설하여 학우들에게 자연·문화유산 보호의 중요성을 알렸습니다. 국제시민연대 Avaaz의 회원으로 환경, 국제문제에 대한 서명운동에도 참여하고 있습니다. 이를 통해 사회를 비판적 시각으로 이해하는 능력을 길렀습니다. 사진은 제가 어릴 때부터 좋아하던 분야인데 학교생활 중 틈틈이 출사를 나가며 예술적 가치를 삶에서 놓치지 않았습니다. 온라인 사진강의까지 들으며 사진에 대한 깊이 있는 공부를 하고자 노력했습니다. 내셔널지오그래픽 공모전 등 각종 대회에 사진을 출품하기도 했고, 결국 교내 환경사진 공모전 금상 수상의 기쁨을 맛보기도 했습니다.

이렇게 전공은 물론 인문적 분야까지 폭넓게 공부하며 POSTECH에서 수학할 만한 자격을 갖춘 인재가 되고자 항상 노력했고, 이젠 그만큼 갖춰졌다는 근거 있는 자신감이 생겼습니다. 저의 확고한 목표를 가장 잘 이루어낼 수 있는 POSTECH에서 저의 특징인 '노력의 끝판왕' 정신, 지식탐구에 대한 순수한 열정, 인류애를 바탕으로 한 환경보호에의 사명감을 더욱 불태워서 사회에 긍정적인 기여를 해낼 것을 약속드립니다.

4-5. [자율문항] 〈연세대〉 해당 모집단위에 지원하게 된 동기와 이를 준비하기 위해 노력한 과정이나 지원자의 교육 환경(가정, 학교, 지역 등)이 성장에 미친 영향 등을 경험을 바탕으로 구체적으로 기술하시오. (1,500자)

제 목표는 생태복원 전문가가 되는 것입니다. 이 목표를 이루는 과정에서 연세대학교 시스템생물학과는 제게 가장 필요한 배움의 환경을 제공해줄 것을 확신하기에 지원했습니다. 연세대학교만의 RC교육을 통해 제 목표의 본질적인 토대가 되는 인류에 대한 사랑을 함양할 수 있기 때문입니다. 또한 생물의 생명 현상을 규명하는 동시에 환경과의 관계까지 통합적으로 탐구한다는 학과의 특징은 제가 공부하고자 하는 생명과학의 미시적, 거시적 관점을 균형 있게 배울 수 있도록 이끌어줄 것이라 생각합니다.

편찮으신 어머니와 열악한 경제적 상황으로 주저앉을 수도 있었지만 저는 목표에 대한 열정을 원동력 삼아 위기에 끊임없이 도전해왔습니다. 2년간의 생태연구를 통해 생태문제 해결의 시급성과 바람직한 연구태도에 대해 깨달았고, 내셔널트러스트 활동을 통해 사회에 대한 깊이 있는 이해의 중요성을 느낄 수 있었습니다. 뿐만 아니라 저는 TED 생태강의 수강과 독서를 통해서도 더욱 성장할 수 있었습니다. TED 강의를 들으며 드론을 이용한 생태보호, 폐휴대폰으로 열대우림 살리기 등 생태학이 다양한 학문들과 상호협력하며 발전한다는 사실을 깨달았습니다. 또한 생태 분야에 종사하는 강연자들이 보여준 자신의 일에 대한 신념을 접하면서 생태학자란 단순한 직업의 개념 이상으로 사랑과 생명존중, 다양성의 공존이라는 제 삶의 가치를 실현시킬 수 있는 최선의 삶임을 확신할 수 있었습니다. 아울러 깊이 있는 독서를 통해 전인적으로 발전할 수 있었습니다. 특히 '희망의 자연

(제인 구달 외)'을 읽고 생태복원에 대한 의지를 확고히 다지게 되었고, '사랑의 기술(에리히 프롬)'을 읽고 상대와 나와의 다른 점을 이해할 수 있는 포용의 태도를 배웠습니다. 또한 '불평등의 대가(조지프 스티글리츠)'는 사회에 대한 깊이 있는 이해와 적극적인 참여의 중요성을 깨닫게 해주었습니다. 이를 계기로 내셔널트러스트와 국제시민연대 Avaaz의 회원으로서 환경, 국제문제에 대한 서명운동에 지속적으로 참여하고 있습니다.

가정환경의 불리함을 극복하기 위해 가정을 돕고 봉사하는 경험을 통해 나눔과 봉사 정신을 길렀습니다. 어머니의 병세가 완화되는 데 도움을 주고자 하여 어머니와 같이 운동을 다니기도 하고 읽을 책을 함께 고르는 등 여러 활동에 함께 했습니다. 자주 하진 못했지만 시간 나는 대로 집안일을 도와서 어머니 외의 가족 구성원들이 덜 힘들도록 노력하며 희생과 양보의 정신을 배웠습니다. 고1 때 명현장학생, 고2 때 한성 노벨 영·수재 장학생으로 선발되어 가정경제에 기여한 것도 보람찬 일이었습니다.

특별한 가정환경을 통해 다져진 인성과 학문에 대한 깊이 있는 준비들을 바탕으로 저는 연세대학교 시스템생물학과에서 수학할 만한 자격을 갖춘 인재가 되고자 항상 노력했고 이젠 그만큼 갖춰졌다는 근거 있는 자신감이 생겼습니다. 저의 확고한 목표를 가장 잘 이루어낼 수 있는 연세대학교에서 제 학문적 역량과 탐구열정, 그리고 봉사 정신을 더욱 불태워 연세대학교의 자랑이 될 만한 인재로 성장할 것임을 약속드립니다.

부록 2

서울대 19학번의
문항별 자기소개서 엿보기

- - - - - - - - - - - -

서울대에 합격한 19학번 학생들의 자기소개서는 무엇이 다를까요?

저자가 엄선한 학과별, 문항별 최고의 답안을 모아 공개합니다.

책에서 소개했던 팁을 이들은 어떻게 자기소개서에 구현했는지 공부해보고

합격의 힌트를 찾아보세요.

- - - - - - - - - - - -

1. 고등학교 재학기간 중 학업에 기울인 노력과 학습 경험을 통해 배우고 느낀 점을 중심으로 기술해 주시기 바랍니다. (띄어쓰기 포함 1,000자 이내)

"문학은 왜 배우는 것일까?"라는 질문은 국어를 배우는 많은 학생들이 가지고 있는 물음이지만 어느 누구도 쉽게 답하기 어려운 질문이 아닐까 생각합니다. 저 역시 문학작품을 공부하며 이 궁금증에 휩싸였고 저만의 답을 찾아가며 국문학에 깊은 관심을 갖게 되었습니다. 1학년 때 국어교과부장으로서 국어문제를 준비하며 제가 모르는 문학지문이 정말 많다는 것을 느꼈습니다. 이를 보완하고자 교과서에 실린 문학작품의 전문을 찾아 읽었고 아침 일찍 등교해서 가장 먼저 책을 읽었습니다. 문학이 주는 상상력과 즐거움은 큰 기쁨이었고 이에 깊이 매료되었습니다. 이후 다양한 시각으로 작품을 해석하고 토의하고 싶어서 자율동아리 '문학나르샤'를 만들었습니다. 다양한 탐구 활동 중 셰익스피어의 4대 비극을 바탕으로 한국문학의 4대 비극을 선정한 활동이 가장 기억에 남습니다. 수업 시간에 신동엽 시인의 '봄은'을 공부하며 한국문학의 보편성과 특수성을 배운 후 이를 보여주는 우리 문학의 비극으로 '수난이대', '장마', '유예', '닳아지는 살들'을 선정

했습니다. 셰익스피어의 작품은 개인의 선택과 성격적 요인이 비극의 주원인이었지만 한국문학은 운명과 전쟁 등 세계의 횡포로 비극이 발생한다는 점을 확인할 수 있었습니다. 이와 같이 우리 문학의 특수성이 전후문학에서 확연히 드러난다고 생각했고, 한국사수업에서 '6.25전쟁과 전후문학'을 주제로 자율발표를 하고 사르트르의 '구토'를 탐독하며 실존주의 문예사조로 탐구를 확장했습니다. 허무와 불안의식을 이겨내려는 인간의 의지가 문학작품에 투영된 것을 통해 문학이 단지 감정의 정화를 선사할 뿐만 아니라 인간에 대한 철학적인 고찰을 담고 있다는 것을 깨닫게 되었습니다. 궁극적으로 저는 문학을 배우는 것이 우리 사회와 그 안의 '인간'을 이해하기 위해서임을 느꼈습니다. 문학 속 다양한 인간군상이 곧 오늘날 우리의 모습을 보여주기 때문입니다. 그리고 국가, 시대, 장르 간 다양한 비교를 통해 국문학의 가치를 새롭게 탐색하고 싶다는 목표를 가지게 되었습니다.

서울대 국어국문학과 19학번 **김민선**

2. 고등학교 재학기간 중 본인이 의미를 두고 노력했던 교내 활동(3개 이내)을 통해 배우고 느낀 점을 중심으로 기술해 주시기 바랍니다. 단, 교외 활동 중 학교장의 허락을 받고 참여한 활동은 포함됩니다. (띄어쓰기 포함 1,500자 이내)

일상에서 너무나 쉽게 소모되고 버려지는 건전지들이 아깝다고 생각하여, '폐건전지의 과학적인 재활용률 향상 방안'을 주제로 과학탐구토론대회에 참가하였습니다. 'Energy Seed'에서 모티브를 얻어, 폐건전지에 남아 있는 전력을 모아 불을 밝힐 수 있는 독특한 조형물을 폐건전지함으로 설계함으로써 폐건전지의 수거율을 높여야겠다고 생각했습니다. 이 과정에서 저는 편리한 폐건전지함을 설계하기 위한 아이디어를 고안하기로 했습니다. 하지만 이후 며칠 동안은 좋은 아이디어가 떠오르지 않아 막막했습니다. 이때 과학 시간에 '앙페르 법칙'에 대해 배웠고, 이 법칙을 이용하면 좋겠다는 생각이 들어 폐건전지함에 다양한 물리 개념들을 적용해보기로 하였습니다. 물리1 교과서를 참고하여, '앙페르 법칙'을 통해 남아 있는 전력마저 모두 소비하였을 때는 폐건전지가 수거함으로 자동으로 떨어지도록 설계하였습니다. 한편 'p-n접합 다이오드'와 '광전효과'를 이용하여 수거함에 폐건전지가 일정량 이상 쌓이면 수거해야 한다는 표시가 나타나도록 설계하였습니다. 그 결과, 부원들에게 교과 시간에 배울 수 있는 원리를 이용하여 간단하게 설계했다는 긍정적인 평가를 받아 제 아이디어가 채택되었고, 폐건전지를 효과적으로 수거할 수 있음을 인정받아 최우수상을 수상했습니다. 고등학교에 입학한 지 약 세 달 만에 얻은 좋은 결과는 제 탐구의지를 크게 자극했습니다. 또한 아이디어를 고안하는 과정은 힘들었지만, 여러 가지 물리적 개념에 대해 알아볼 수 있었고, 일상생활에서 느꼈던 문제점의 해결방안을 스스로 마련해볼 수 있어서 뜻 깊었던 경험이었습니다.

어렸을 때부터 좋지 않은 피부로 인해 스트레스를 많이 받았습니다. 피부를 개선하기 위해 비싼 제품도 사용해보았지만, 도움이 된 것은 오직 천연 비누뿐이었습니다. 이를 계기로 천연화장품 개발연구원이 되어 저와 같이 피부 고민을 가지고 있는 사람들에게 도움을 주어야겠다고 생각했고, 이 생각은 자율동아리 '온새미로'로 실현되었습니다. 저는 동아리 활동 과정에서 꿀이 영양가가 높고 수분 보유 능력이 뛰어나다는 사실을 알아내어 꿀 추출물을 천연 립밤의 재료로 사용했습니다. 또한 지역 청소년센터의 천연화장품 만들기 강사님께 자문을 구하여, 천연방부제로서 한방보존제를 추천받았습니다. 이를 통해 천연화장품을 성공적으로 만들 수 있었고, 판매 후 남은 화장품들과 수익은 편지와 같이 위안부 할머니들께서 계시는 '나눔의 집'에 기부하였습니다. 이후 한 사회복지사님께서 피부가 연약한 할머니들께 도움이 될 것 같다는 내용이 담긴 답장을 보내주셨습니다. 이 답장을 읽고 '천연화장품으로 도움을 주자'는 제 목적이 달성되었다는 사실에 큰 성취감을 느꼈습니다. 이 성취감은 나눔의 보람과 제 진로의 가치를 확실히 느끼게 해주었습니다. 비록 천연화장품의 연구개발이 아닌 제작 활동이었지만, 진로에 확신을 주었다는 점에서 저에게 가장 기억에 남는 경험이었습니다. 이에 앞으로는 화학물질에 대한 연구를 통해 성장을 이루어 더 많은 사람들에게 도움을 주는 인재가 되어야겠다고 다짐했습니다.

서울대 응용생물화학부 19학번 전현주

"너는 너무 원리원칙만 중시하는 것 같아."

2학년 때 저는 선도부원으로서 아침 등교 시간과 점심시간에 선도 활동을 했습니다. 선도 규정에 따라 올바르지 않은 용의 복장을 갖춘 친구들은 선도 일지에 작성하고 벌점을 주었습니다. 원칙에 따른 옳은 일이었지만 친구들과 계속되는 충돌에 심리적으로 힘이 들었습니다. 선도(善導)의 목적은 학생들을 올바르고 좋은 길로 이끄는 것이라고 생각했는데 학생들이 선도의 길을 잘 따라가지 못하고 벗어나는 모습을 목격했습니다. 이러한 방식으로 활동이 진행된다면 선도의 목적성을 상실한다고 판단해 이를 해결해야겠다고 결심했습니다. 그래서 저는 선도부 부장으로서 인성부장 선생님께 머리길이와 관련된 두발 규정을 조금 개정하면 어떨까를 이와 같은 이유를 들어 제안했습니다. 며칠 뒤, 선생님께서 학교생활 인권규정안을 작성할 때 저의 의견을 반영하시겠다고 하셨습니다. 그 후 저는 선도 활동 시 저에게 솔직하게 말해준 친구들의 의견을 참고해 선도부원들과 협의, 협력하여 제안서를 작성했습니다. 남학생들의 머리규정을 조금 더 구체적으로 명시하고 허용가능한 예시를 사진으로 첨부하였습니다. 그리고 여학생들의 머리카락 길이는 제한하지 않으나 어깨 선 이상의 긴 머리는 수업 시간 중에는 묶도록 하는 방안을 제안하였습니다. 이를 수용하신 인성부장 선생님께서는 우선 이번 연도 동안 시범운영을 해본 후 전면적으로 적용하는 것이 좋을 것 같다고 말씀해주셨습니다. 학생들의 의견이 반영되어 완화된 규정을 바탕으로 선도 활동을 재개하였습니다. 학생들의 불만은 줄어들었고 더욱 더 규정을 잘 지키려고 학생들이 노력한 끝에 학교를 방문하는 외부 손님들께서 저희 학교를 '용의 복장이 매우 단정한 학교'라고 칭찬하셨습니다.

저에게 찾아온 난감하고 힘겨운 상황을 선도부원 학생들, 조언을 해준 친구들과 협력하여 헤쳐 나가고 해결할 수 있었습니다. 이 경험을 통해 저는 소통으로 사고의 융통성을 함양하는 방법을 배울 수 있었고 협력의 가치를 다시 한 번 깨달을 수 있었습니다.

서울대 아동가족학과 19학번 **원소빈**

4. 고등학교 재학기간(또는 최근 3년간) 읽었던 책 중 자신에게 가장 큰 영향을 준 책을 3권 이내로 선정하고 그 이유를 기술해 주십시오.

▶ '선정 이유'는 각 도서별로 띄어쓰기를 포함하여 500자 이내로 작성

▶ '선정 이유'는 단순한 내용 요약이나 감상이 아니라, 읽게 된 계기, 책에 대한 평가, 자신에게 준 영향을 중심으로 기술

선정 도서: 생물과 무생물 사이

저자/역자: 후쿠오카 신이치 / 김소연

출판사: 은행나무

선정 이유: 도시를 관찰하면서 자연생태계와 달리 도시는 자연 본래의 균형과 기능보다는 인간의 개입에 의해 인위적으로 유지됨을 알 수 있었습니다. 불투수면적 증가에 따른 물순환장애, 직강하천의 범람, 해충의 이상증식은 자연의 순환, 자정을 고려하지 않고 도시를 개발했기에 일어나는 일이라고 생각했습니다. 기존 도시의 문제점에 대한 해결 방법으로 생태도시 건설의 필요성을 느꼈습니다. 도시 건설 및 관리에서 생물, 환경 요소를 고려해야 한다는 막연한 생각은 있었지만, 구체적인 모습을 떠올리기가 쉽지

않았습니다. 이 책에 소개된 '동적평형'이라는 개념에서 생태도시 구상의 단서를 얻을 수 있었습니다. 생태계에 있어서 동적평형은 '자연의 생물과 환경이 상호작용하고 순환하는 기능을 활용해, 전체 생태계를 해치지 않고 생명을 유지한다.'로 해석할 수 있다고 생각합니다. 이러한 동적평형을 유지하는 도시가 곧 생태도시이며, 인위적 기술에서 자연의 기능을 최대한 활용하는 기술로의 전환을 지향하는 도시라고 생각합니다.

선정 도서: 침묵의 봄

저자/역자: 레이첼 카슨 / 김은령

출판사: 에코리브르

선정 이유: 생태도시 건설을 위해 자연친화적 기술에 대해 알고 싶었고, 이 책을 통해 환경문제의 원인인 화학방제를 대체한 생물학적 방제라는 자연친화적 기술을 배울 수 있었습니다. 기생생물, 포식동물, 불임유전자 등을 이용한 다양한 생물학적 방제의 연구를 다짐했습니다. 또한 책에 소개된 다양한 방제 사례를 보고, 생물학적 방제의 성공을 위해서는 생물자원에 대한 철저한 조사가 필요하다고 생각했습니다. 생명 다양성을 조사하는 네

이처링 어플을 통해 주변의 생물자원을 조사하며 거미를 활용한 방제법 연구를 구상했습니다. 생물자원을 하천, 산림 생태계에 적절히 투입하여 생태계의 본연의 기능을 유지하며 이상증식, 생물 다양성 감소 등의 문제를 예방할 수 있다고 생각합니다. 또한 물질의 생산 및 분해에 미생물을 응용하여 오염물질 발생을 예방할 수 있을 것입니다. 다양한 생물의 생태를 분석해 생물학적 방제에 관한 기초자료를 만들고, 미생물의 다양한 생태적 지위와 대사과정을 이용해 오염된 환경을 정화하고 싶습니다.

선정 도서: 인생

저자/역자: 위화 / 백원담

출판사: 푸른숲

선정 이유: 작은 일에도 감정 변화가 커서 힘들어하는 제게 선생님께서 추천해주신 책입니다. 이 책은 가족들이 연속적으로 죽는다는 극복하기 어려운 상황을 대하는 한 남자의 이야기입니다. 비극적인 상황에서도 긍정적인 삶의 태도를 잃지 않는 모습이 인상 깊었고, 이를 통해 어떻게 삶을 살아갈 것인가에 대해 고민할 수 있었습니다. 주변 상황에 따라 일희일비하는

일이 많다보니, 이성적인 판단보다 순간의 감정에 휘둘려 행동하는 경우가 많았습니다. 가끔 실망과 절망의 감정에 가려 문제를 해결할 수 있다는 긍정적 가능성을 놓치는 경우도 있었습니다. 이 책을 읽고, 순간의 감정보다는 상황을 잘 이겨낼 수 있을 거라는 자기 믿음과 낙천적 삶의 태도가 중요함을 깨달았습니다. 책에 수록된 중국의 문호 루쉰의 말처럼, 제 인생에는 다양한 갈림길과 가시밭길이 있을 것입니다. 어떤 길을 선택하든 긍정적인 삶의 태도를 가지고 자신이 가는 길에 집중한다면, 끝내 목적지에 다다를 수 있을 것이라는 확신을 가질 수 있었습니다.

서울대 산림과학부 19학번 **권우민**

memo

memo

memo